相続問題を解決する事業開発の理論と実践

経営学的アプローチによる価値共創事業の創造

小具龍史・佐藤良久
Ogu Tatsushi　　Sato Yoshihisa

学 文 社

はじめに

　近年の高齢化に伴い，相続に係る諸問題が増え続けています。「相続問題」といわれるほど，社会現象として取り上げられるようになっています。これに伴い，これらの課題を専門的かつスムーズに解決する「相続支援事業」への需要が高まっています。

　昨今，これらの事業を扱う会社を起業し，サービスを提供する事業者らも増加の一途を辿っています。しかしながら，ただ闇雲に会社を立ち上げ，ニーズに適合しないサービスを提供したところで思うような成果が上がらず，撤退を余儀なくされる参入事業者が数多く存在するのも事実です。この状態を回避し，持続的に成長し続けていくためには，"経営学"の知見が必要となります。

　また相続支援事業は，普通のビジネスとは異なり，依頼者の方に実際に相続イベントが発生した際は，自身が最初に何をすべきか分からない，あるいは支援側もこうしたニーズを持つ依頼者に，どのような手法で支援をしたら良いのか最適な支援方法が分からないという特徴を持つ事業でもあります。

　本書では，実際に相続支援事業の現場で活躍するプロフェッショナル（実務家視点）と，経営コンサルタントや企業顧問（支援者視点）等の職責を担って経営学を実践し，研究者（観察者視点）として経営現象の理論化を行ってきたバックグラウンドを持つ筆者らのノウハウ（相続支援事業の現場で，経営学を活用して持続的に事業展開していく手法）を，初学者がトレーニング形式できちんと身に付け，実践できる力を養います。

　筆者のバックグラウンドですが，小具は国内メガバンク系シンクタンクで，BPR（業務改善・業務改革）コンサルティングの仕事から社会人生活をスタートさせました。その後経営コンサルティング部門へ異動し，現在の専門である民間企業への新規事業開発やマーケティング戦略策定に係るコンサルティング業務に数多く従事しました。現在は大学の教員として，教育・研究活動を行うと同時に，経営層として民間企業の経営顧問やアドバイザリー業務を推進して

います。

　佐藤は大手不動産仲介会社で不動産の売買仲介の仕事から社会人生活をスタートさせました。その後，不動産再生事業や不動産ファンドでのアセットマネジメントを経験したのち，相続コンサルティング会社を経て起業，現在に至っています。

　上記のような異なるバックグラウンドを持つ2人は経営大学院（ビジネススクール）で出会いました。互いにキャリアチェンジを経た後に，イノベーションとマーケティングを専門とする経営学者と相続支援事業の実務家になりました。

　本書はそのような2人が，これまでに培われた互いの知見や経験を持ち寄ることにより生まれました。相続支援事業をゼロから立ち上げる方法，相続事案の案件化の理論と実践について，経営学的なアプローチにより体系的かつ分かりやすく整理し解説していきます。

　本書の構成は，大きく3つに分かれます。まず第一部では，「相続支援事業をめぐる概況」について整理・共有します。第1章で相続支援事業をめぐる背景について整理し，第2章ではこうした背景を踏まえて，相続支援事業が抱える課題を共有していきます。

　第二部は，第一部で整理・共有した背景と課題の下での「相続支援事業の立ち上げ方」について解説します。そして第三部では，「相続支援業務の案件化と進め方」について解説します。

　特に第二部以降では，第3章から第7章にかけて，次頁の図のように「企業」「事業」「業務」という観点から，相続支援企業の立ち上げ方および相続支援事業の具体的な構築方法について学びます。そして第8章では相続支援業務の具体的な案件形成の方法，第9章ではその具体的な進め方について学んでいきます。なお第9章の終わりには，相続支援事業をより実践的にトレーニングして頂くために，ケーススタディを用意しました。

　このケーススタディは，実際に筆者らが経験したケースを基に構成したものです。相続支援事業の進め方に関するノウハウが織り込まれているため，リアルケース教材としてご活用頂けます。また巻末の付録には，各士業の独占業務

本書の全体構成

企　業

事業環境の把握（第3章）

1. 事業環境の分析

(1) 外部環境分析	(2) 内部資源分析
① PEST 分析 ② 市場動向分析 ③ 顧客動向分析 ④ 競合動向分析	① VRIO 分析 ② バリューチェーン分析

2. 基本方針の策定

(1) SWOT 分析

(2) クロス SWOT 分析

企業戦略の策定（第4章）

1. ミッション・ステートメントの策定

2. PPM 分析による資源配分

3. 成長方向の定義

事　業

競争戦略の策定（第5章）

1. 基本戦略の策定

2. 持続的競争優位性の構築

事業の開発（第6章）

1. 事業開発のプロセス

2. 事業アイデアの創出

3. 事業アイデアの評価

4. 事業性評価

マーケティング戦略の策定（第7章）

1. リサーチと STP の策定

2. 7P (4P+3P) の策定

業　務

業務の案件化（第8章）

1. 顧客の開拓

2. 案件の形成

業務の進め方（第9章）

1. 案件の推進

2. クロージングとフォロー

3. ケーススタディ

を理解するために，2020年現在の最新の各士業法を収録しています。

　なお本書は経営学的に時系列のテーマとなっており，初学者を対象として書かれているものですが，それぞれの読者が置かれている段階に応じて，どの章からでも学習することができますから，決して順番に読む必要はありません。

　また本書は理論面を含めた学術的な内容ではありますが，多様な読者に受け入れられるように配慮して叙述しています。

　相続支援業界を目指している学生の方々，これから相続支援事業に携わろうとしている専門士業者の方々，不動産業や保険業等のその他相続支援関連サービス従事者の方々はもちろん，既に相続支援の現場に従事されている実務家の方々にも気軽に手に取っていただきたい旨を申し添えておきます。

　2020年11月吉日

著　　者

目　　次

第三部　相続支援業務の案件化と進め方

第一部
相続支援事業をめぐる概況

第1章　事業をめぐる背景

1．日本の人口動態

(1)　総人口の減少

　2019年7月10日，総務省が住民基本台帳に基づく2019年1月1日時点の人口動態調査による人口を発表しました。その内容によると，日本の人口は，1億2,477万6,364人と前年から43万3,239人減少しました。減少幅は1968年の調査開始以来，最大を記録しました[1]。

　その構成ですが，日本の15〜64歳の生産年齢人口は7,423万887人と61万3,028人減りました。全体に占める割合は過去最低の59.5％に下がり，高齢化に拍車がかかっているとされています。

　日本は，1974年に出生率が2.05と人口置換水準である2.07を下回り，その後も出生率の低下傾向が続いています。出生する子どもの数が減り続けたため，全人口の年齢構成が変化することとなり，0〜14歳の年少人口の割合は徐々に減少し，65歳以上の高齢者層の割合が増加してきました。その結果，1990年代半ばには，15〜64歳の生産年齢人口が減少に転じ，2008年からは総人口が減少することとなりました[2]。

(2)　高齢者が逓増

　『令和元年版　高齢社会白書』によると，2018年の65歳以上の高齢者[3]の人口は，3,558万人となり，総人口に占める割合（高齢化率）は28.1％となりました。

　また，65〜74歳人口は1,760万人となり総人口に占める割合は13.9％，75歳以上の人口は1,798万人となり，総人口に占める割合は14.2％で65〜74歳人口を上回っています（図表1-1）。

図表 1-1　我が国の高齢化率の推移と将来推計

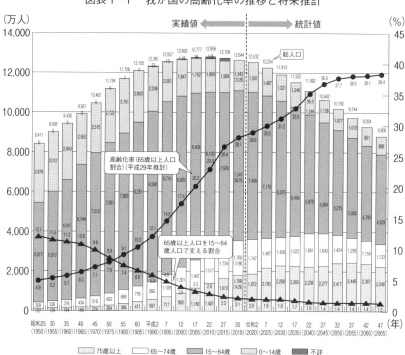

資料：棒グラフと実線の高齢化率については，2015年までは総務省「国勢調査」，2018年は総務省「人口推計」
　　　（平成30年10月1日確定値），2020年以降は国立社会保障・人口問題研究所「日本の将来推計人口（平成29
　　　年推計）」の出生中位・死亡中位仮定による推計結果。
（注1）2018年以降の年齢階級別人口は，総務省統計局「平成27年国勢調査　年齢・国籍不詳をあん分した人口
　　　（参考表）」による年齢不詳をあん分した人口に基づいて算出されていることから，年齢不詳は存在しない。
　　　なお，1950年～2015年の高齢化率の算出には分母から年齢不詳を除いている。
（注2）年齢別の結果からは，沖縄県の昭和25年70歳以上の外国人136人（男55人，女81人）及び昭和30年70歳以
　　　上23,328人（男8,090人，女15,238人）を除いている。
（注3）将来人口推計とは，基準時点までに得られた人口学的データに基づき，それまでの傾向，趨勢を将来に向
　　　けて投影するものである。基準時点以降の構造的な変化等により，推計以降に得られる実績や新たな将来
　　　推計との間には乖離が生じうるものであり，将来推計人口はこのような実績等を踏まえて定期的に見直す
　　　こととしている。

出所：内閣府（2019）『令和元年版　高齢社会白書』

　そして2065（令和47）年には，約2.6人に1人が65歳以上，つまり約3.9人に1
人が75歳以上という超高齢化社会が日本を待ち受けています。

　この統計から，我が国では間違いなく高齢化が進展しており，その流れは止
まらないことが分かります。

2．相続税の増税と相続法の改正

　日本の人口動態から起因した高齢化問題が顕在化するなか，一方で日本の財政問題により2015（平成27）年1月1日から相続税が増税されました。あらためておさらいすると，従来からの大きな変更点としては相続税の基礎控除が4割削減されたという点です。

　相続税増税前の基礎控除は「5,000万円＋法定相続人の数×1,000万円」でした。これが，「3,000万円＋法定相続人の数×600万円」に引き下げられたのです。例えば，夫婦と子ども1人の場合でご主人が亡くなったとしましょう。その場合，増税前は基礎控除が7,000万円だったのが，増税後は4,200万円となりその金額差の違いがお分かり頂けるかと思います（図表1-2）。

図表1-2　相続税基礎控除の変更

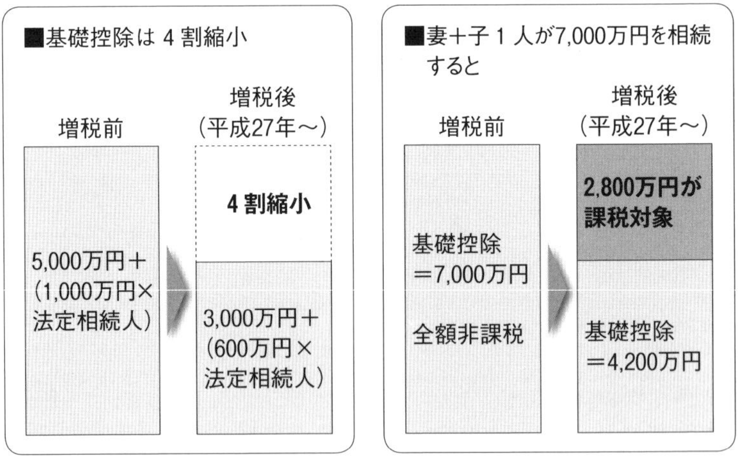

出所：国税庁ホームページを基に筆者作成

　また2019（令和元）年7月1日には約40年ぶりに民法の中の相続法の改正がありました。相続法は1980（昭和55）年に改正されて以降，大きな改正は行われていませんでしたが，社会環境の変化に対応するため，約40年ぶりに大きな見直

しが行われたのです。

　その相続法改正ですが，主な改正点は図表1-3の通りです[4]。

図表1-3　相続法の主な改正点（2020年現在）

1　配偶者の居住権を保護するための方策
2　遺産分割に関する見直し等
3　遺言制度に関する見直し
4　遺留分制度に関する見直し
5　相続の効力等に関する見直し
6　相続人以外の者の貢献を考慮するための方策

出所：筆者作成

　これらの内容は相続税の増税とは違い，相続する側が相続をしやすくなったり，相続をさせる側が相続させやすくすることを目的とした改正となっています。他方，これから述べますが，このような改正が行われた背景にはいわゆる「争続」問題が顕在化してきたことがあげられます。

3.　“争続” の増加

　最近，週刊誌やテレビで相続特集が組まれることが多くなりました。皆さまもここ1年以内に，電車の中吊り広告やテレビ等で，一度は相続特集を目にしたことがあるのではないでしょうか。その内容を見ていると，残念ながら相続の良い話が特集されることは少なく，どちらかといえば遺産相続で揉めていることを特集していることが多いように思います。

　そして実際に，相続発生後に遺族が悩むケースが増えています。このようなことから，家庭裁判所への相談件数は年々増加の一途を辿っています。遺産分割事件は2002（平成14）年から増加傾向にあります。

　裁判所の資料によると，2017（平成29）年に裁判所に持ち込まれた遺産分割事件数は，16,000件を超えるまでになりました。2012（平成14）年が11,200件ほどであることを考えると，増加傾向にあるということがお分かりいただけるかと

図表 1 - 4 家庭裁判所遺産分割事件の推移

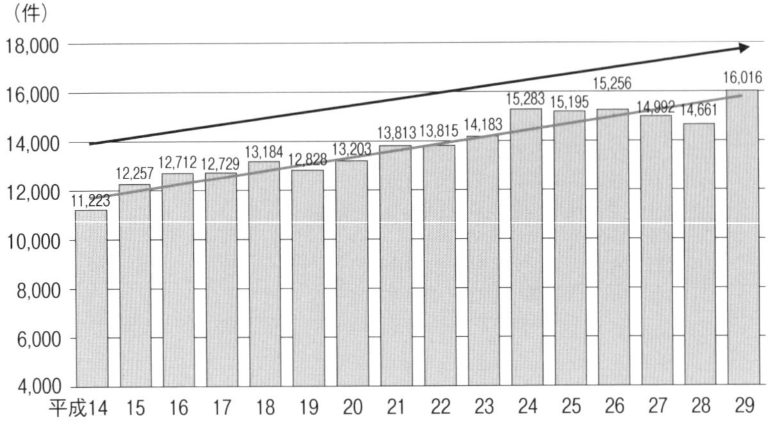

（件）

年	件数
平成14	11,223
15	12,257
16	12,712
17	12,729
18	13,184
19	12,828
20	13,203
21	13,813
22	13,815
23	14,183
24	15,283
25	15,195
26	15,256
27	14,992
28	14,661
29	16,016

出所：法務省『司法統計年報』を基に筆者作成

思います（図表1-4）。

　遺産分割は相続人の間で協議の上，分割協議が確定できれば裁判所での手続きは必要ありません。当事者間で遺産分割協議書を作成し，署名押印すれば良いからです。しかし，実際には分割協議がまとまらず，裁判所の調停や審判に頼らざるを得ない人たちが増えているのです（図表1-5）。

図表 1 - 5 遺産分割事件の遺産価額

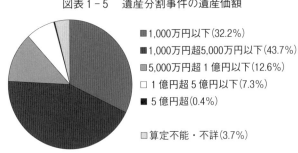

■1,000万円以下(32.2%)
■1,000万円超5,000万円以下(43.7%)
■5,000万円超1億円以下(12.6%)
□1億円超5億円以下(7.3%)
■5億円超(0.4%)

■算定不能・不詳(3.7%)

出所：法務省『司法統計年報』（平成27年度）を基に筆者作成

4．公正証書遺言作成件数の増加

　遺産相続による揉め事を起こさないために，事前に相続の対策を考える方も増えています。公証役場で公正証書遺言を作成した件数を見てみましょう。2018（平成30）年度は，全国で110,471件の公正証書遺言が作成されています。

　2009（平成21）年度が77,878件であることを考えると，事前の相続対策を実行している人が増えていることが分かります（図表1-6）。

図表1-6　公正証書遺言作成件数の推移

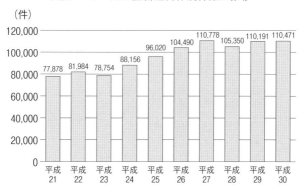

出所：日本公証人連合会ホームページより引用

　これは被相続人も相続人が揉めることは望んでおらず，事前に何かしらの対策を行っておきたかったと思っていることの表れではないでしょうか。

　また図表1-7に示す通り，我が国の認知症患者数が年々増加傾向にあります。内閣府（2017）によれば，2012（平成24）年は認知症高齢者数が462万人であり，65歳以上の高齢者の約7人に1人（有病率15.0％）でしたが，37年，つまり2025（令和7）年頃には，約5人に1人になると推計しているデータもあります。

　こうした逓増傾向にある認知症等を踏まえ，成年後見制度の利用者数も増加傾向にあります。成年後見制度とは，認知症・知的障害・精神障害などの理由

図表1-7　65歳以上の認知症高齢者数と有病率の将来推計

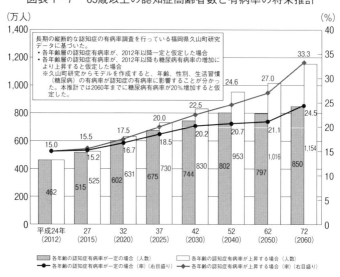

資料：「日本における認知症の高齢者人口の将来推計に関する研究」（平成26年度厚生労働科学研究費補助金特別
　　　研究事情　九州大学二宮教授）より内閣府作成

出所：内閣府（2017）『平成29年版　高齢社会白書』

により判断能力の不十分な方々は，不動産や預貯金などの財産を管理したり，身の回りの世話のために介護などのサービスや施設への入所に関する契約を結んだり，遺産分割の協議をしたりする必要があっても，自分でこれらのことをするのが難しい場合があります。

　また自分に不利益な契約であってもよく判断ができずに契約を結んでしまい，悪徳商法の被害に遭う恐れもあります。成年後見制度とは，このような判断能力の不十分な方々を保護し，支援する制度のことをいいます。

　2018（平成30）年12月末時点の利用者数としては，成年後見の割合が約77.7％，保佐の割合が約16.4％，補助の割合が約4.6％，任意後見の割合が約1.2％となっています。成年後見制度利用者数も2013（平成25）年度の176,564件から比べると，増加傾向にあることが分かります（図表1-8）。

　これまで述べてきたように，日本の人口動態問題，相続に関する増税や相続法の改正，遺産分割事件の増加，さらには認知症や成年後見制度の増加による

図表1-8　成年後見制度の利用者数の推移

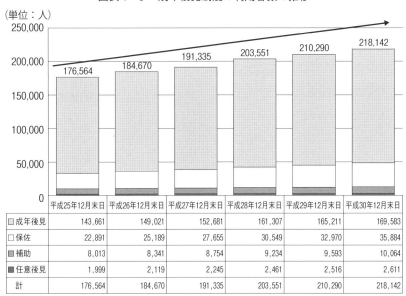

これらの問題を捉え，相続支援事業市場が年々拡大しています。

　今までは相続といえば税理士・司法書士・弁護士といったいわゆる士業が業務の中心となっていましたが，ここ数年，保険・不動産・建築・金融業界からの相続支援事業者も増え，競争も厳しくなる傾向にあります。今まで見てきたように，日本では高齢者がこれからも増え続けます。高齢者人口に比例して，遺産分割事件も増えていくものと思われます。

5．新型コロナウイルス禍の影響

　2019年末より中国の武漢から始まったとされる新型コロナウイルスは，相続支援事業を行っている事業者はもちろん，これから相続支援事業を始める事業者としては，対策をしっかりと考えておかなければならない大きな出来事となっています。

　2020年8月11日現在，世界全体の感染者数は2,000万人を超えました。死亡者も73万人に迫っています。我が国，日本においても，2020年8月11日現在，感染者が49,000人を超え，死亡者も1,050人を超えています。感染者数拡大に歯止めがかからない状況が続いています。

　死の恐れもある見えないウイルスとの遭遇により，2020年4月には日本においても政府による緊急事態宣言の発令が行われました。今まで私たちが経験をしたことがないこれらの出来事により，多くの人が相続や終活を意識したと言われています。仕事がテレワークとなり人生について考えさせられる時間がたくさんあったことも起因しているでしょう。実際に筆者（佐藤）が運営する相続相談センターへの問い合わせも前年比2倍となっています。実際に顧客から，「新型コロナウイルスは相続を意識したきっかけとなった」というお話を聞いています。

　新型コロナウイルス禍は，今のところ終わりが見えていません（2020年9月）。ウイルスは地球から死滅することはないため，私たちが安心するためにはワクチンの開発が必須と言われています。つまり，ワクチンが開発されないことにはいまの状況が続く可能性があるということです。そしてこの状況は私たちのビジネスにも深く影響します。

　例えば，相続支援事業では面談はとても大切なフェーズです。しかしながら，コロナウイルス禍のなかでは，特に高齢者の面談対応は万が一を考えると難しいでしょう。よって相続相談対応ができなくなるかもしれません。一方で，面談を避けるためにオンラインでの面談も使われるようになったものの，慣れない顧客には対応が難しいでしょう。経済面だけではなく感情面も大切な相続では，顔を見てしっかりと打ち合わせることが大切なのです。

　今後，相続支援事業を開始する場合においては，新型コロナウイルス対策を徹底しなければならないことは強く念頭に置く必要があるでしょう。

注 ————————————————————————

1) https://www8.cao.go.jp/kourei/whitepaper/w -2019/gaiyou/pdf/1s1s.pdf（2020
年 3 月 8 日閲覧）

2) https://www5.cao.go.jp/keizai-shimon/kaigi/special/future/sentaku/s3_1_1.
html（2020年 3 月 8 日閲覧）

3) 高齢者の用語は文脈や制度ごとに対象が異なり，一律の定義はありません。高齢
社会対策大綱（平成30年 2 月閣議決定）では便宜上，一般通念上の「高齢者」を広
く指す語として用いています。本白書においても，各種の統計や制度の定義に従う
場合は，一般通念上の「高齢者」を広く指す語として用いることとします。なお高
齢者の定義と区分に関しては，日本老年学会・日本老年医学会「高齢者に関する定
義検討ワーキンググループ報告書」（平成29年 3 月）において，75歳以上を高齢者
の新たな定義とすることかが提案されています。また，高齢社会対策大綱において
も，「65歳以上を一律に『高齢者』と見る一般的な傾向は，現状に照らせばもはや
現実的なものではなくなりつつある」とされている。

4) http:/www.moj.go.jp/MINJI/minji07_00222.html（2020年 2 月10日閲覧）

第2章　事業が抱える課題

1．参入事業者の増加

　前章でも述べたように，2015（平成27）年1月1日からの相続税増税を機に，相続を商機としてとらえて新規参入してくるプレーヤーが増えてきました。

　それまでの相続におけるプレーヤーとしては，司法書士・税理士・行政書士・不動産鑑定士・弁護士・公認会計士などのいわゆる"士業"が，図表2－1に示す相続におけるそれぞれの業務を分担して行っていました（※各士業に関する独占業務については付録を参照）。

　しかしながらここ最近になり，話題の「終活」をはじめ，相続税申告件数の増加，遺言に対するニーズの増加，相続対策としてはあたらしい手続きとなる家族信託[1]や相続から派生する不動産対策など，相続支援市場の拡大に好機を見出した新規プレーヤーが，続々と当該市場への参入を図り，混沌とした状況となりつつあります。

　例えば終活ではエンディングノートをはじめ，葬儀会社の選定や墓地についての事前選定など，相続に対する意識の強まりからプレーヤーがより前倒しで

図表2－1　相続における各士業の主な業務範囲

士　　　業	業　務　内　容
司 法 書 士	相続登記，相続手続き全般
税　理　士	相続税申告
行 政 書 士	遺言，相続手続き
不動産鑑定士	不動産鑑定評価書作成
公 認 会 計 士	事業承継
弁　護　士	紛争解決

出所：堀田ら（2017）p.18 を基に筆者作成

営業活動を行うようになりました。顧客を若い頃から囲い込もうとするプレーヤーも出てきています。図表2-2に示したのは，一般的なセカンドライフストーリーとなりますが，相続事案が発生するのが⑥の局面であった場合でも，そのタイミングで初めてコンタクトするのではなく，定年後の事前段階からアプローチをしておくことが重要です。

　昨今，相続問題をめぐる支援事業を展開する業界は，その構造が変化しています。上記のように他分野から入ってくる競合がひしめくのと，その分野内での有資格者（士業）の競争，そして今日では，AIによる定型業務の自動化等により，これまで盤石だと思われていた士業らの事業基盤の存立は，危うくなって来ているのです。

　遺言も年々増えていると前章で述べましたが，遺言ビジネスに参入すべく，ファイナンシャルプランナーやコンサルタントまでが，遺言のサポートに参入し始めました。新しく相続対策として活用されつつある家族信託では，その担い手として，司法書士が年に数百件規模の信託を組成するまでに成長しています。

　そして不動産会社は，レッド・オーシャン[2]となっている不動産市場からの脱出をはかり未知の市場，つまりブルー・オーシャンである相続支援市場へ参

図表2-2　セカンドライフストーリーとしての相続支援事業

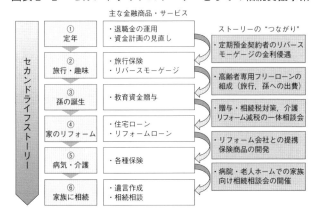

出所：NTTデータ経営研究所ホームページより（2020年9月10日閲覧）

図表2-3 アパート建築による相続対策

出所：筆者作成

入し始めています。

　では，不動産会社は，相続マーケットで何をしようとしているのでしょうか。

　相続対策における不動産ビジネスを整理してみます。相続対策には生前対策として，遊休地の有効活用や現金・負債を活用した不動産投資があります。

　遊休地の有効活用では，主に土地活用を行う専門会社のビジネスモデルの通り，遊休地に金融機関から負債を組んでアパートを建ててもらい，相続税を圧縮するモデルとなります（図表2-3）。

　一方，不動産投資については，現金を保有しているよりも不動産資産に組み替えを行ったほうが，相続税の評価が半分ほどになるため，増税前からも相続税対策として使われていました（図表2-4）。

　保険会社も相続を切り口にした商品開発を始め，さらに力を入れています。他方，士業にも新しい動きが見えてきました。例えば税理士というと，一般的には法人の顧問をすることが仕事といった認識が強くはないでしょうか。しかし，税理士は会社員と違い，いわゆる定年がなく顧客を長く囲い込むことが可能です。よって，新しく税理士資格を得た税理士は，新規顧問先の開拓が難しく既存の税理士事務所から独立できない人もいます。そのような税理士が，『相続税専門』という新しい市場に参入してくることは容易に考えられるでしょう。

図表2-4　現金の不動産組み換えによる節税効果

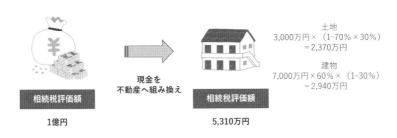

土地
3,000万円×（1-70%×30%）
=2,370万円

建物
7,000万円×60%×（1-30%）
=2,940万円

現金を
不動産へ組み換え

相続税評価額
1億円

相続税評価額
5,310万円

出所：筆者作成

2．依頼先の不明瞭さ

　死亡者数の増加等から，相続に関する顧客のニーズは多様化傾向にあります。しかしながら，その好機をプレーヤーが捉えられていないというのが現状です。

　例えば父親が亡くなられた家族がいるとします。家族で悲しみを共有する時間もないまま，葬儀や役所への手続き等，様々な対応をしなければなりません。そこまでは自分たちで手続きができたとします。しかし，その後どのような手続きをしたら良いか？　誰に依頼すれば良いか？　弁護士なのか？　司法書士なのか？　税理士なのか？　役所で良いのか？　など，どうすれば良いか分からない人が多いのです。親族の死に目に会うことはそう多くはないため，相続手続きの経験もなく，その時がきた際にどうしたら良いか分からないのは当然といえるでしょう。

　これは今までも相続における課題として存在していました。例えば筆者（佐藤）が相続コンサルタント[3]として相続相談を行う際は，サービスの一環として〝家族が亡くなった後の手続きガイド〟をお渡しすることがあります。その際は「誰に，どこに手続きをすれば良いか分からないから，このような指南書をいただけるととても助かる」といった声が多くありました。この状況は，顧客が〝問題〟を抱えている状況であるといえるでしょう。山口（2019）は，これから活躍する人材要件，つまり「ニュータイプ」の要件を定義しています。

そこには，今までは正解を探すことが重要とされていましたが，これからの時代は問題を探すことが大切だと説かれています。まさにこれからの相続支援事業においても，顧客が誰に，どこに依頼すれば相続の課題や問題が解決されるのかという問題を抱えていることを捉えることができているプレーヤーこそが，相続支援事業を制する時代になっていくものと思われます。

3．競争による収益性の低下

　相続支援市場が，今後拡大し続けることは前述した通りです。一方で，市場が拡大するスピードを超えて新規参入が増えることにより，収益性は下がります。顧客の単価が下がるということは，つまりサービス品質の差別化を図る必要があり，優位性の高い企業だけが生き残るということがいえます。

　例えば，税理士はどうでしょうか。図表2-5および図表2-6に示したように，被相続人数および課税割合の増加に伴い，相続税の申告件数が増加したことにより相続税専門の税理士が多く誕生しました。

図表2-5　被相続人数の推移

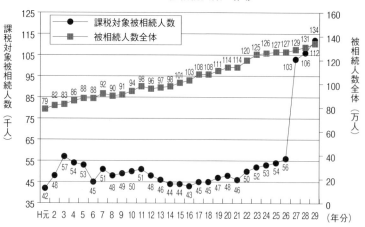

出所：国税庁「平成29年分の相続税の申告の状況について（平成30年12月）」及び，国税庁「長期時系列データ・相続税」を基に筆者作成

図表2-6　課税割合の推移

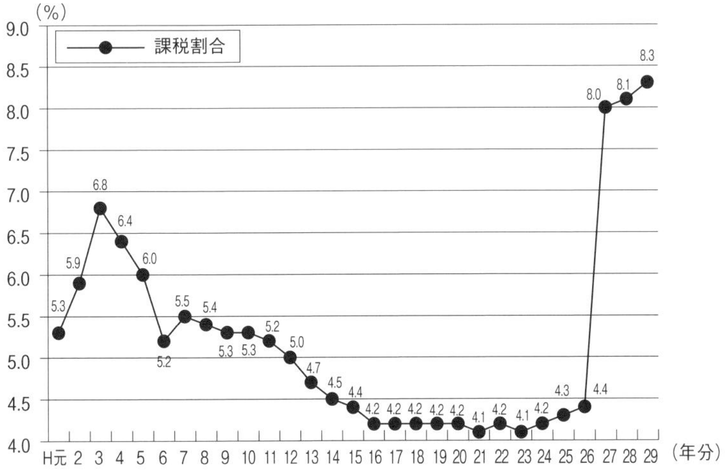

出所：国税庁「平成29年分の相続税の申告の状況について（平成30年12月）」及び，国税庁「長期時系列データ・相続税」を基に筆者作成

　しかしながら，そのマーケットにプレーヤーが増えることで需要と供給のバランスが崩れ，価格競争が起こっています。相続税の増税前であれば，相続税申告において，顧客が相見積もりを取得することはあまりありませんでした。他方，現在では2〜3社を比較して税理士を決定する比較購買を行うケースが増えています。そのため一部の相続税専門の税理士法人では，競争戦略の一環として，他社に対して価格競争を仕掛ける動きが見えつつあります。

　また相続件数の増加に伴い，相続手続きを代行する司法書士や行政書士は，利益を生み出せているのでしょうか。実は上記で述べた税理士と似た状況があるのです。現場では相続手続きの件数が増えているものの，単価は競争激化により下がっており薄利多売になっています。

　次章では，このような状況下において相続支援事業に携わっているプレーヤーはいかに起業し，新規事業を立ち上げ，持続的競争優位な環境を構築していけば良いのかという点について述べていきます。

注———————————————

1）一般社団法人家族信託普及協会によれば，「『家族信託』とは，資産を持つ方が，特定の目的（例えば「自分の老後の生活・介護等に必要な資金の管理及び給付」等）に従って，その保有する不動産・預貯金等の資産を信頼できる家族に託し，その管理・処分を任せる仕組みです。いわば，「家族の家族による家族のための信託（財産管理）」と言えます」と定義されています。

2）既知の市場空間であり，競争のルールも広く知られており，各社ともライバルをしのいで限られたパイのうちできるだけ多くを奪い取ろうとしています。競争相手が増えるに連れて，利益や成長の見通しが厳しくなるため，まさに赤い血潮に染まった「赤い海」と化した市場状況のことを指しています（Kim & Mauborgne（2005＝2005）訳書，p.20）。

3）「相続に関する顧客の相談に関して，何らかの助言や支援を求められる立場にあり，さらに相続手続きに必要な専門家と連携し，最終的に相続完了までお客様を支援する，総合相談窓口，コーディネーターとしての役割を担う者」（優オフィスグループ，2018, p.2）

第二部
相続支援事業の立ち上げ

第3章　事業環境の把握

　事業を始めるときは，「この事業は本当に売上・利益が上がるのか？」「起業したのは良いが，競合が多いのではないか？」「事業が一過性のブームで終わってしまったら，どうすれば良いのか？」等，いろいろなことを考えるのではないでしょうか。

　筆者（佐藤）も起業においては大いに悩みましたが，相続支援に関するマーケットは，年々逓増していくことが業務を通して分かっていたこと，また政治的な流れの中で，日本では相続税が増税傾向にあること，そして相続は，好景気・不景気に関係なく手続きをしなければならないことなどの事業環境の動向については，事前に分かっていました。実際には簡単な分析だけに終わらせずに，先に相続支援事業を立ち上げている経営者へのヒアリング等も行いました。相続支援事業に携わっていた経験が，当該事業での起業においては優位性があったといえるでしょう。しかし，読者の皆さんは相続支援事業に携わった経験がない方がほとんどであると思います。よって本章では，はじめにこうした事業の立ち上げに必須となる事業環境の把握方法について見ていきます。

1．事業環境の分析

（1）　外部環境分析

①　PEST 分析

　PEST 分析とは，「近代マーケティングの父」と呼ばれる米経営学者フィリップ・コトラーにより提唱されたフレームワークであり，自社を取り巻く外部環境が現在ないしは将来において，どのような影響を及ぼすかを分析するための手法です。P（Politics：政治），E（Economy：経済），S（Social：社会），

T（Technology：技術）について分析をすることから，それぞれの頭文字を
とって PEST 分析と呼ばれています。

　「P」は政治や法律に関する要因であり，主に自社が属する業界における規
制や法改正等に関する動向等を確認します。「E」は経済状況に関する要因で
あり，主に景気や経済に影響を及ぼす動向について確認します。「S」は社会
的な要因であり，主に人口動態の変化や様々な流行やトレンド，嗜好性の変化
等，生活者のライフスタイルや意識の変化を確認します。そして「T」は技術
的な要因であり，主に企業が製品・サービスを提供するプロセスにおける技術
的な変化を確認します（図表3-1）。

　相続支援事業をめぐる事業環境の分析としては，以下となるでしょう。第1
章で述べたように，P（政治的要因）は2020年現在，富の再分配を行う傾向が
強い日本においては，相続税は増税の方向が見えています。E（経済的要因）
やS（社会的要因）としては，日本は人口オーナス期[1]に入り，死亡者数の逓

図表3-1　PEST 分析フレーム

Political 政治的環境要因	・法律，条例（規制緩和・強化） ・裁判，判例 ・税制 ・政権体制 ・公的補助，助成
Economic 経済的環境要因	・景気，物価 ・株価，為替 ・金利 ・消費者可処分所得 ・企業設備投資動向
Social 社会的環境要因	・人口動態 ・世論 ・流行，文化 ・宗教，言語 ・インフラ ・生活習慣，ライフスタイル ・自然環境
Technological 技術的環境要因	・新技術 ・特許

出所：Kotler, P.（2000 = 2001）を基に筆者作成

増からも相続支援サービスへのニーズが深まっているということは容易につかめます。

　特に人口動態や価値観の変容等のＳ（社会的要因）は，大きな影響を及ぼしているといえるでしょう。Ｔ（技術的要因）などは，相続の手続きは資格制度に係る士業の独占業務の法規制が強く，技術が手続きに追いついていない状況が見受けられます。

　今後はＡＩ等の最新技術の活用による遺産分割協議のサポート等が考えられますが，現時点ではこのような技術が，相続にイノベーションを起こす気配は未だ見受けられません。

②　市場動向分析

　はじめに相続支援事業に係る市場のパイの大きさや競合のシェアなどを確認するために，各種統計データを基に，自社が参画すべき十分な市場の大きさがあるかを確認します。つまり事業が成立し得るかどうかといった点を確認するのです。その上で，土地勘があるか否かといった現場感覚的な要素も同時に検討します。ちなみに図表3－2は，関東圏のエリア別の相続税額による市場規模です。これを見ると東京都が約7,550億円と圧倒的に多く，次いで神奈川県，埼玉県の順に多いことが分かります。

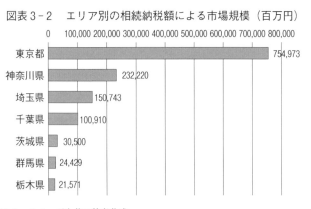

図表3－2　エリア別の相続納税額による市場規模（百万円）

出所：国税庁のホームページを基に筆者作成

　上記のような事業環境下では，どのような市場で事業を行えば良いのでしょうか。結論からいえば，あえて「埼玉県」という特定のエリアで事業を立ち上げることに意味があります。詳細については第7章の「マーケティング戦略の策定」のところで述べますが，ターゲットを決定する条件の一つには，商圏（市場規模）の大きさという判断基準があります。

　相続支援事業においては，主に不動産資産を所有する富裕層[2]の顧客といかに接点を持つことができるかということがポイントになります。この視点から東京都は，他の事業でも同様ですが，商圏が圧倒的に大きいことを容易に捉えることができます。実際，経営者を中心とした富裕層の多くは，東京都（23区内）に集中しています。

　一方，東京都で相続支援事業に参入するプレーヤーはとても多いというのが実情です。つまりレッド・オーシャン化している東京都で，新たに起業すべきかもしくは東京都はあえて避けて，神奈川県や千葉県，埼玉県などの隣接エリアはどうかということを検討します。例えば神奈川県は，知名度の高い横浜を擁しており，直感的に東京都に準じて，ビジネス環境は厳しいものになると想定されます。それでは千葉県はどうでしょうか。データからは狙い目であると判断できそうですが，「その土地に馴染みがあるか」という点は重要なポイントとなります。土地勘がなければ，腰を据えて取り組むことは困難となるでしょう。

　それでは，埼玉県はどうでしょうか。市場の規模もある程度確保でき，例えば現在，自身が生活基盤として居住している場所であったらどうでしょうか。土地勘もあり職住接近のメリットも享受できますので，候補としては妥当であると判断できます。起業のアーリーステージにおいては，労働時間が長くなることは否めません。通勤に時間をとられていては，事業もおろそかになってしまいます。また埼玉県という市場をあらためて調べたところ，市場規模のデータの通り相当大きな市場であることに加え，"将来的な可能性"を感じたのです。都心へのアクセスが便利で，東京のベッドタウンと呼ばれることもあります。最近ではリクルートによる「住みたい町ランキング」で，大宮や浦和が10

位以内に入るなど，全国的に知名度も向上してきました。

　経済指標としても魅力的なものがあります。例えば2014（平成26）年度の名目県内総生産は約21兆円となっています。これは，ニュージーランドやチェコに匹敵するような数値です。加えて，2003（平成15）年度から2014（平成26）年度までの県内総生産は，11年間で1兆368億円増加し，増加額は愛知県に次ぐ全国第2位でした[3]。

　人口動態はどうでしょうか。日本全国では人口の減少が進み，厳しい状況を聞くことが多いですが，埼玉県の人口は2015（平成27）年度まで増加を続けていました。2017（平成29）年9月1日現在の人口は，過去最高の730万6,293人（埼玉県調べ）となっており，2030（令和12）年においても700万人を維持する見通しがあります[4]。これだけの人口を誇る埼玉県ですから，直感的に競合事業者も多いと予想されます。詳細は後述しますが，簡易なリサーチをした結果，競合事業者があまり存在しないエリアであることが分かったとしたらどうでしょう。そして，同様の分析は他地域でも有効です。ポイントは事前に商圏をおさえるということです。

　以上見てきたように，まずは市場規模を算定します。その上で今度は，市場として参入する土地との適合性を見ることになります。この2つの観点から客観的に判断し，単に市場規模が大きい東京都ではなく，あえて戦略的に隣接する埼玉県という市場で，事業を立ち上げるという選択となるのです。

③　顧客動向分析

　顧客動向分析では，想定顧客の消費動向（心理および購買行動等）について確認します。ここでは実際の顧客に対して，ニーズを聞いてみることが重要です。相続支援事業の場合は，まずは顧客としての立場で，実際の感覚が確認できる身内や友人・知人等にニーズを聞いてみるということになります。また同時に二次資料情報を活用した顧客動向等の確認が有効です。

　前者は複数の対象者と直接対話をすることにより情報を収集するFGI（Focus Group Interview：フォーカスグループインタビュー）や1対1で情報を収集

するデプスインタビューという2つの定性的な手法があります[5]。

　このようにして収集した情報は，限られた対象者から得られた「一般化できない情報」であるため，これが確かに発生しているということを明らかにするためには，多くの対象者に対して，定量的に情報収集をするアンケート調査等の手法を用いて確認していきます。

　相続支援事業の立ち上げでは，実際の身内の相続時の状況や富裕層らへのニーズ把握等を行うことにより，この事業を提供する顧客の潜在化・顕在化したニーズを明確化していくことになります。

④　競合動向分析

　次に，市場に参入しているあるいは自身が参入しようとしているエリアにおける競合の動きについて確認します。ここでは，はじめに競合の動きをweb等で下調べをした上で，ファイブ・フォース分析により各プレーヤーをマッピングし，事業を取り巻く環境の現状と今後の動向について確認しておくことが非常に重要となります（図表3-3）。

　ファイブ・フォース分析は，米経営学者であるマイケル・ポーターにより提

図表3-3　ファイブ・フォース分析フレーム

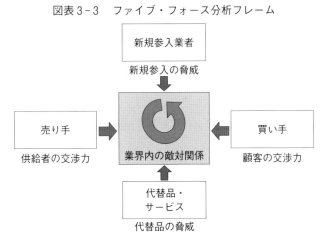

出所：Porter, M. E.（1985 = 1985）訳書，pp.8-9

唱された分析フレームです。その業界で活動するプレーヤーを5つのカテゴリーで整理し，業界におけるこれらのそれぞれのプレーヤーの位置づけを明確に把握するのと同時に，今後これらのプレーヤーの勢力図がどのようになっていくのか，また業界そのものがどのようになっていくのか（存続するか／衰退するか）といった，将来性を予測するために使われる分析ツールです。

　プレーヤーの分類は，「売り手」「買い手」「業界内の敵対関係」「新規参入事業者」「代替品・サービス」という5つのカテゴリーになります。

　「売り手」とは，製品やサービスを製造するために必要な原材料等を供給するないしは外注先等の事業者のことであり，原材料の供給業者です。「買い手」は，製品・サービスを提供する最終顧客のことを指します。つまり商品・サービスを購入していただく顧客です。

　そして「業界内の敵対関係」は，自社を含め，現在その業界に参入している競合事業者ら（ライバル）のことです。「新規参入事業者」は，異なる業界から，新たにこの市場（業界）に入ってこようとしている事業者となります。また「代替品・サービス」は，これまで提供してきた商品・サービスを根本的に変えてしまう（取って代わる）ような，新しい技術やプロセスの変革により生じる製品・サービス，つまり代替品・サービスを指します（例えばメガネの代替品はコンタクトレンズとなります）。

　「売り手」や「買い手」は，パワーバランスがどちらの方にあるかという状況により，その支配権を表す交渉力が強いか否かを判断します。そして「新規参入事業者」や「代替品」は，その出現が自身や競合事業者の製品・サービスの脅威となるかどうかを判断することになります。

　今からおよそ10年前（2010年当時）の相続支援サービス業界の構造は，概ね図表3-4に示した事業者で構成されていました。

　「買い手」は依頼者である相続人（最終顧客）のことを指します。基本的に相続人は，相続に関する情報をあまり持っていませんでした。また当時「業界内のプレーヤー」とは，いわゆる税理士等を代表とする士業がこれに該当し，「買い手」である相続人に対する交渉力は強い状況でした（当時は税理士，司

図表3-4　2010年当時の業界構造図

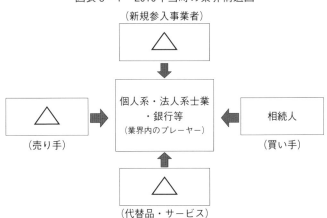

出所：筆者作成

法書士，弁護士などの士業者らの業界団体による教育研修が主な知識習得の源
でした）。

　つまり「買い手」と「売り手」の間には，情報の非対称性[6]が生じていたの
です。また当時は「代替品・サービス」はほとんど存在せず，「新規参入事業
者」もあまり存在しませんでした。税理士，司法書士，その他士業者らは，彼
らの主軸の業務で十分な利益創出ができていたために，当初は相続支援事業に
ついてあまり興味を示しませんでした。

　現在の業界構造は，概ね図表3-5のような構造になっていることが想定さ
れます。

　「買い手」である相続人（最終顧客）の動向として，相続対策および相続の
手続きが必要な人は増え続けています。現在ではテレビを初めとするメディア
に相続に関する情報が取り上げられるようになり，相続人と相続支援事業者と
の間に生じていた情報の非対称性は，少しずつ緩和し始めています。

　今後顧客のニーズに応えられない事業者は，将来的には選ばれなくなるため，
買い手の交渉力は強くなることが考えられます。また「売り手」である士業者
らが専門とする相続対策や相続手続きは，経済合理性の追求だけでなく，顧客

図表3-5 現在（2020年時点）の業界構造図

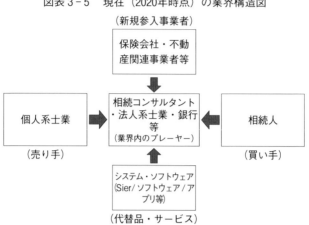

出所：筆者作成

に寄り添う感情面の要素への配慮が求められてきています。

　こうした士業者らと連携する「業界内のプレーヤー」である相続コンサルタントは，このような能力に秀でています。このため彼らの交渉力はますます強くなり，今後は「売り手」である士業者らの交渉力が弱くなっていくことが予想されます。「業界内のプレーヤー」としては，相続コンサルタント，資産税専門税理士法人グループ，司法書士法人グループ，行政書士法人グループ等の事業者が，競合事業者となります。また最近では，士業者らや葬儀会社など売り手の領域から，相続支援サービスの業界に出てくる事業者も増えてきました。このように事業において下流工程を担っていたポジションから，上流工程へと参入していく動きを後方垂直統合[7]といいます。

　「新規参入事業者」は第1章でも述べたように，現在では士業だけでなく，10年前には存在しなかった不動産，建築，保険，金融などの他業種からの参入が増え続けています。つまり業界は多くの競合事業者でひしめき合うレッド・オーシャンとなることが必至であり，今後は提供する製品・サービスで差別化できない事業者は淘汰されるといった脅威にさらされることになるでしょう。

　「代替品・サービス」については，10年前にはほとんど存在せず，予想だに

しなかった状況へと変化しつつあります。IT企業を中心に，相続に係るツールを開発しようとしています。しかしながら，現時点では脅威という段階にまでは到達していないものと思われます。

(2)　内部資源分析

①　VRIO分析

　自社に保有・蓄積されている経営資源の棚卸しを行うのと同時に，これらの資源が，自社にとってどのくらい強み・弱みとなるかを評価するために行われる分析です。VRIO[8]は経営資源をV（Value=経済価値），R（Rarity=稀少性），I（Imitability=模倣困難性），O（Organization=組織）の4つの観点から評価します（図表3-6）。

　「経済価値」とは，ある資源を保有していることにより，企業を取り巻く外部環境の機会を活用できるないしは脅威をなくすことが期待できる価値であるかという視点です。「稀少性」は，その字の通り，その資源を持っている企業が少数であるかという視点となります。そして「模倣困難性」とは，その資源を獲得するまたは模倣（マネ）することが難しいか否かという視点です。これが高ければ高いほど，競合他社が誰もマネできないわけですから，自社は長期間に渡って優位性を持ち続けることになります。

　また「組織」とは，その資源を活用するにあたり，組織的な方針や手続きが

図表3-6　VRIO分析による経営資源の評価

価値があるか	稀少か	模倣コストは大きいか	組織体制は適切か	競争優位の意味合い	経済的なパフォーマンス	強みか弱みか
No	—	—	No	競争劣位	標準を下回る	弱み
Yes	No	—	↕	競争均衡	標準	強み
Yes	Yes	No		一時的競争優位	標準を上回る	強みであり固有のコンピタンス
Yes	Yes	Yes	Yes	持続的競争優位	標準を上回る	強みであり持続可能な固有のコンピタンス

出所：Barney, J. B.（2001 = 2003）

存在しているかという視点です。つまり自社に保有・蓄積されている経営資源が，十分に使えるような組織になっているかということです。

　米経営学者であるバーニーは，これが上から下に行くに連れて，自社の競争優位性を構築する資源であると関係付けました。

　なお企業に蓄積されている経営資源としては，原則として目に見える有形資産と目に見えない資産（以降「見えざる資産」）が存在します。見えざる資産は知的資産と呼ばれており，知的資産は人的資産・組織（構造）資産・関係資産の3つの資産から構成されています（図表3-7）。

図表3-7　知的資産の構成

人的資源 （Human Capital）	個々の人の知識，コンピテンス，経験，スキル，才能など従業員の退職時に持ち出せる資産
組織（構造）資産 （Structural Capital）	組織プロセス，データベース，ソフトウェア，マニュアル，商標，特許権，組織の学習能力など，従業員が退職しても組織に残る資産
関係資産 （Relational Capital）	顧客との関係性（好感度やロイヤルティ，満足度，ブランド，レピュテーションなど），パートナーや企業の対外関係に付随するすべての資産

出所：古賀（2005）p.10 を基に筆者作成

　人的資産とは，個々人の知識，コンピテンス（能力），経験，スキル，才能等の主として従業員が退職時に持ち出せる資産のことをいいます。組織（構造）資産とは，組織プロセスやデータベース，ソフトウェア，マニュアル，商標，特許権，組織の学習能力等の従業員が退職しても組織内部に残る資産のことをいいます。

　そして関係資産とは，主に好感度やロイヤルティ[9]，満足度，ブランド，レピュテーション等の顧客との関係性であり，パートナーや企業の対外関係に付随するすべての資産のことをいいます。これらの見えざる資産は，コア・コンピタンス[10]とも呼ばれます（小具，2020）。

　相続支援事業を展開する企業のVRIO分析の場合は，図表3-8のようになることが考えられます。

図表 3-8　相続支援事業の VRIO 分析

```
1. 経済価値（Value）
   ・相続に関する最新情報
   ・相続相談に対する人的資本力
   ・ホームページ・SNS・書籍等の充実したツール
   ・経営学等，シナジーを生み出す近接スキルの所有
2. 稀少性（Rarity）
   特になし（差別化が難しい）
3. 模倣困難性（Inimitability）
   ・経験
   ・スキル（ホスピタリティ）
4. 組織（Organization）
   ・相続ワンストップサービス提供のリソース
   ・営業エリアをカバーする拠点網
```

出所：筆者作成

②　バリューチェーン分析

　自社の（想定）事業に関する価値を提供していくためのプロセスに関する分析であり，プロセスの特徴や優位性について分析します。なおこのフレームワークは，後述する事業開発における自社のビジネスモデルを構築する際にも使います（図表3-9）。

　バリューチェーン・プロセスモデルは，1980年に米経営学者のマイケル・ポーターにより提唱された分析ツールです。企業の活動は全般管理，人事・労務管理，研究，情報管理，財務・総務・広報等の支援活動と，左から機能順に開発・設計，購買，製造，販売・マーケティング，物流，サービスといった直接活動に分かれるとされています。それぞれの活動でアウトプットされる価値が連鎖的に繋がって最終顧客に提供されていくことから，「価値連鎖分析」とも呼ばれています。

　しかしながら，実務でこのフレームワークをそのまま使って分析するというのは難しいでしょう。実際の分析作業では，このフレームワークを図表3-10のような形にして使います。筆者（小具）が支援先に対して推進してきたプロ

図表3-9　バリューチェーン・プロセスモデル

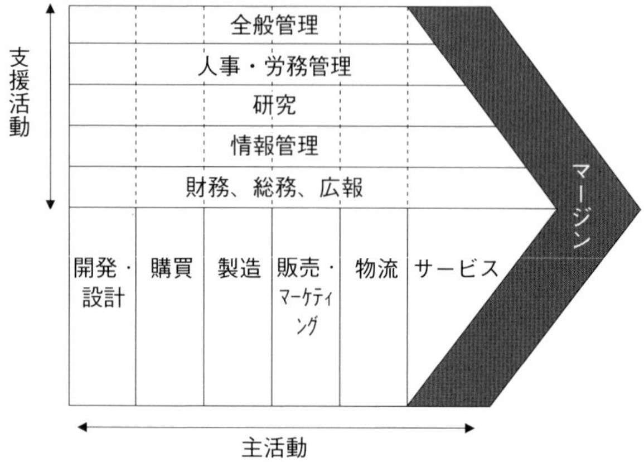

支援活動	全般管理					マージン
	人事・労務管理					
	研究					
	情報管理					
	財務、総務、広報					
	開発・設計	購買	製造	販売・マーケティング	物流	サービス

主活動

出所：Porter, M. E.（1985），p.49

図表3-10　実践上のバリューチェーン分析フレーム

	工程①	工程②	工程③	工程④	工程⑤…
※下段は横断的強み　強み（長所）					
※下段は横断的弱み　弱み（問題点）					
改善案					

出所：筆者作成

ジェクトでも，実際にこのフレームワークを用いて分析をしてきました。

　最上段は左から順に，自社の価値を生み出す機能を順番に落とし込んでいきます。その上でさらに重要なのは，このそれぞれの価値が連鎖する機能が，競合事業者と比較して自社の強みとなる機能かあるいは弱みとなる機能かということを評価していきます。

　強みは自社にとっての長所（特長），弱みは自社が抱えている短所（問題点）を洗い出すようにします。そうすると，長所は自社が伸ばしていくべき能力であるため，経営資源を集中的に投下して強化していくことが望ましい機能ということになります。逆に弱み（問題点）は，経営上自社が短期的・長期的に克服していくべき課題ということになります。

　なおバリューチェーン分析は，自社のビジネスモデルを構築する際にも使えます。自社のビジネスモデルを検討する際は，強みに当たる機能は自社が担い，弱みとなる機能は他社（ビジネスパートナー：供給事業者や提携先等）に担ってもらうという構造でモデリングしていきます。

　相続支援事業のバリューチェーンは，どのようなプロセスになるでしょうか。相続支援事業は，その特性から大きく相続前と相続後の 2 つのフェーズに分けられます。相続前・相続後の双方のプロセス（商品設計・開発，顧客開拓＜営業／販売＞，案件形成（提案／受注），案件推進，クロージングとフォローは共通のプロセスとなりますが，前と後でそのサービスコンテンツは大きく異なります。

　それではまず相続前フェーズから見ていきましょう。相続前のプロセスにおいて生じる事業は，大きく 4 つのカテゴリーの「商品・サービス」の提供が見込まれます。まず被相続人から，実際に相続を受ける相続人（顧客）に対して，相続税の納税額を低減させるための節税商品の提供があります。このため主に税理士による商品の設計・開発が行われます。

　そして 2 つ目は，被相続人が相続させたい相続人に対して，相続前（生前）に財産分与方針について取り決めておく，遺言書の作成や信託商品等の商品・サービスの提供が見込まれます。これらは主に司法書士や弁護士，行政書士，

信託銀行等により，商品の設計・開発が行われます。

　3つ目は，被相続人から相続人に相続される保険商品の設計・開発で，これは保険会社により設計・開発がなされます。そして4つ目は，相続に際して，資産構成に占める割合の大きい不動産への対応です。相続税の節税のための資産組み換えや土地活用が該当します。これらの対応によっては，節税を図るだけではなく不動産が収益を生み出す可能性があり，実際に相続税が発生した際には，これを相殺ないしは収益を持続的に上げるような資産へと転じることもあります。これらは主に，不動産事業者によって商品・サービス設計・開発が行われます。

　次に，こうした商品・サービスを持って「顧客開拓」が行われますが，司法書士は遺言書や信託商品という接点により営業を行います。また弁護士は，紛争性のある顧客の相談対応等（独占業務）を通じてアプローチすることが可能です。

　そして「案件形成（提案／受注）」のプロセスでは，それぞれの士業が個別に提案を行うケースもあります。しかしながら相続案件に関しては，顧客も一貫性を重視するということもあり，特に相続コンサルタントはこの全てのプロセスにおいて士業を束ね，ワンストップで一貫して対応する窓口となることが

図表3-11　相続支援事業者の

	商品設計・開発	顧客開拓（営業／販売）
強み	・節税商品の設計（税理士） ・遺言書／信託商品の設計（司法書士／弁護士／行政書士／信託銀行） ・保険商品の設計（保険会社） ・不動産商品の設計（不動産事業者） ・自身での統合パッケージの設計（相続コンサルタント）	・司法書士の顧問開拓 ・紛争性のある顧客の相談対応（弁護士） ・相続商品の営業・販売（銀行） ・不動産商品の営業・販売（不動産事業者） ・統合パッケージの営業・販売（相続コンサルタント）
弱み	・士業者による統合パッケージの設計（相続コンサルタント）	・統合パッケージの士業者／信託銀行による営業・販売（相続コンサルタント）

出所：筆者作成

できます。このため，複数の提案を統合パッケージとして提案できるという強みが発揮できるのです。しかしながら，士業者らによる商品・サービスの低価格化（価格破壊）が起こるないしは信託銀行等の既に顧客アカウントを有する他事業者らによるアプローチもあることなどは，相続コンサルタントにとっては向かい風となります。

　また契約の局面では，やはり弁護士や司法書士といった法曹関係者が強いプロセスであり，常に依頼者の利益を考えて契約を締結できるといった点については，その力が最も発揮できる領域です。これらの法的思考力が必ずしも十分とはいえない相続コンサルタントらにとっては弱みとなります。

　最後は「クロージングとフォロー」のプロセスですが，このプロセスは，相続コンサルタントが最も強みを発揮するプロセスとなります。士業は，相続支援業務について短期的な志向でかつ一つのオペレーションとして考えがちです。これは士業の仕事の性質が，機能的な業務であるという点に起因します。いわゆる相続支援で担う業務は，相続税の申告業務等に代表されるような連続性のない一話完結型の作業であるからです。

　しかし相続支援事業は，一話完結という考え方では上手く進めることはできません。顧客である相続人が抱える複雑に絡み合った問題を解決する必要があ

バリューチェーン・プロセス①相続前

案件形成（提案／受注）	案件推進	クロージングとフォロー
・複数の商品を統合パッケージとして提案できる（相続コンサルタント） ・契約の締結（弁護士／司法書士）	・プロジェクトの安定的かつ横断的な推進（相続コンサルタント）	・長期志向で後工程へと繋がる連続性を重視している（相続コンサルタント）
・統合パッケージの士業者／信託銀行による提案（相続コンサルタント） ・士業者商品の価格競争による低価格化（全士業） ・契約の締結が難しい（士業者）		・短期的な志向でアフターサービスへの関心度が薄い（士業者）

り，心理的な側面のフォローを同時並行で進める支援事業であるという点をよく理解しなければなりません。

優秀な相続コンサルタントは，この重要性を理解しています。このアフターサービスによるフォローのプロセスこそが，顧客との長期的な関係を築く上で最も重要なプロセスであり，ここでの適正な対応が次の引き合いへと繋がってきます（図表3-11）。

相続後のプロセスも原則的に相続前のプロセスと同様ですが，相続前と相続後では，商品・サービスが異なるという点が最も大きな違いです。

相続後は，相続する資産の金額等によって，その後提供する商品・サービスも異なります。これは，被相続人が亡くなった日における相続財産が基礎控除額を超えるか否かで変わります。基礎控除額以下の場合は，相続手続き代行サービスを提供することになります。

これらの業務は，司法書士や税理士，信託銀行，相続コンサルタント等も担える業務です。基礎控除額を超える場合は，この相続手続きに加えて相続税の申告を要するため，相続税申告代行サービスを提供します。この相続税の申告業務は，税理士だけの独占業務となります（付録「各士業の独占業務と士業法」を

図表3-12 相続支援事業者の

	商品設計・開発	顧客開拓（営業／販売）
強み	・相続手続き代行サービス（税理士／司法書士／信託銀行／相続コンサルタント） ・相続税申告手続き代行サービスの設計（税理士） ・相続登記手続き代行サービス（司法書士／弁護士） ・自身での統合パッケージの設計（相続コンサルタント／信託銀行）	・病院／介護施設／葬儀社等への直接営業（税理士／司法書士／コンサルタント） ・メディア（公式HP等）活用による間接営業（税理士／司法書士／信託銀行／相続コンサルタント） ・統合パッケージの設計（相続コンサルタント／信託銀行）
弱み	・士業者／信託銀行らによる統合パッケージの設計（相続コンサルタント）	・統合パッケージの士業者／信託銀行による営業・販売（相続コンサルタント）

出所：筆者作成

参照）。また相続する不動産がある場合は，別途相続登記を要しますので，相続登記手続き代行サービスを提供することになります（※相続登記は義務ではありません）。

相続登記業務については司法書士や弁護士の独占業務となりますので，他業者は担うことができません。以降のプロセス（営業・販売，契約，アフターフォロー）については，相続前と同様のプロセスおよびプレーヤーが実施することになります[11]（図表 3 -12）。

上記を整理すると，各士業・相続コンサルタント・信託銀行等のプレーヤーは，バリューチェーン上の機能（役割）できちんと棲み分けられているということが分かります。逆に捉えると，相続支援を行う商品・サービスの設計および開発の局面では，それぞれの商品・サービスが分断していることが分かります。これをぶつ切りで提供されると，顧客にとっては非常に分かりにくく，物理的にも心理的にも大きなコストが発生します。このためこれを統合し，ワンストップで提供できる商品・サービスとして設計できるかどうかということが，非常に重要な点となります。昨今，一部の各士業グループや信託銀行・相続コンサルタントが，統合サービスを展開しているのはこの理由からです。

バリューチェーン・プロセス②相続後

案件形成（提案／受注）	案件推進	クロージングとフォロー
・複数の商品を統合パッケージとして提案できる（相続コンサルタント／信託銀行） ・契約の締結（弁護士／司法書士）	・プロジェクトの安定的かつ横断的な推進（相続コンサルタント）	・長期志向で後工程へと繋がる連続性を重視している（相続コンサルタント）
・統合パッケージの士業者／信託銀行による提案（相続コンサルタント） ・士業者商品の価格競争による低価格化（全士業） ・契約の締結が難しい（相続コンサルタント）		・短期的志向でアフターサービスへの関心度が薄い（士業者）

ワンストップ・サービスを行うためには，上図のバリューチェーンのレベルでお互いに補完できる機能を補完し，新たな新規事業を共同で開発することが重要であり，自身がどのプロセスを担って（オープン領域），どのプロセスを他者に委ねるのか（クローズ領域）という，オープン領域とクローズ領域を設計することによって，互いに共存することが可能となります。

　また今後，士業を含む相続支援事業者らプレーヤーが，新製品・サービス開発を実施していく際のポイントとしては，「ライフコース」[12] に係る価値を提供することが重要となるでしょう。つまり，相続人となる方たちの事前・現在・事後の生活に係る接点を支援する商品・サービスを開発し提供することにより，それぞれの点と点が線になります。最終的にはこれが面になるように設計された提供価値が，現在の商品・サービスの拡張領域となっていくことが想定されます。

2．基本方針の策定

(1)　SWOT 分析

　前節で紹介した事業環境分析をまとめるための分析枠組みを SWOT 分析といいます。SWOT の S（Strength）は強み，W（Weakness）は弱み，O（Opportunity）は機会，T（Threats）は脅威を表します。強みと機会はプラスとなる要因（ポジティブ要因）であり，弱みと脅威はマイナスとなる要因（ネガティブ要因）となります（図表3-13）。

　例えば，相続支援事業を展開しようとしている不動産事業者の SWOT 分析における「強み」としては，「顧客折衝能力が高い」や「士業のネットワークがある」といった事項となります。「弱み」は，「士業ではない（各士業法で規定されている独占業務[13] ができない）」や「相続支援スキルが不足している」，「ゼロベースからの立ち上げで業歴が浅いため，信頼性が不足している」，「相続対策や相続手続きを希望する顧客ネットワークが弱い」といったものをあげることができるでしょう。

図表 3-13　SWOT 分析フレーム

強み (Strength)	弱み (Weakness)
機会 (Opportunity)	脅威 (Threats)

（S W / O T）

出所：筆者作成

　また機会としては，顧客動向として「相続税増税により，相続対策のニーズが高まっている」ことやまさに現在発生している「コロナ不況や人口動態により，相続や事業承継を気にする人が増えている」等の事項，脅威としては「景気後退に伴う不動産価格の低下」，士業や不動産，保険，建築関連の事業者らが相続支援事業に参入し始めているといった「異業種プレーヤーの積極参入」などの事項がこれに当てはまるでしょう。

　S（強み）やW（弱み）を認識する際に重要なのは，これらは「自分の努力次第で，どのようにでもなること」であり，O（機会）やT（脅威）は，「自分の努力では，どうにもならないこと」であるということです（図表3-14）。

(2)　クロス SWOT 分析

　SWOT 分析の結果をもとに，クロス SWOT 分析を行います。図表3-15のように，S×O（強み×機会）「機会に乗じて強みを活かすにはどうすべきか？」，S×T（強み×脅威）「脅威に対して強みを活かすためにはどうすべきか？」，W×O（弱み×機会）「来るべき機会に向けて，弱みを克服するためにはどうすべきか？」，W×T（弱み×脅威）「来るべき脅威に対して，弱みで最悪の事態とならないためにはどうすべきか？」という視点で，打ち手を検討していきます。

　先ほどの相続支援事業の SWOT 分析をもとに展開してみますと，「相続税増税による相続対策ニーズの高まり」という機会に乗じて，自社の強みである

「相続支援の経験（元来の業界・業務知識）と，パートナーである士業ネットワークを活かしたビジネスを展開する」というのが，有効な打ち手であるということになります。

図表3-14　相続支援事業者（不動産事業者）のSWOT分析

・相続資産全体の40%を占める不動産に係る知識および実務能力が高い ・顧客折衝能力（コミュニケーション・営業スキル）が高い ・士業ネットワークがある		・相続支援スキル（相続手続き関連知識・実務能力）が不足している ・資格の未保有（独占業務に直接携わることができない） ・業歴が浅く信頼性が不足している ・相続対策，相談手続きを希望する顧客ネットワークが弱い	
	S	W	
	O	T	
・高齢化率の上昇 ・高齢者人口の逓増 ・死亡者数の増加 ・増税による相続対策ニーズの高まり ・新型コロナウイルス感染症の拡大		・景気後退に伴う不動産価格の低下 ・異業種プレーヤーの積極参入	

出所：筆者作成

図表3-15　クロスSWOT分析フレーム

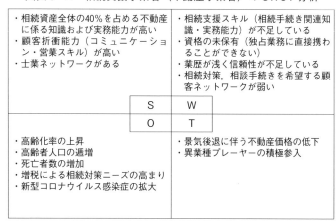

		内部環境	
		強み（S）	弱み（W）
外部環境	機会（O）	強みを活用して機会を取り込むには？	弱みで機会を取りこぼさないためには？
	脅威（T）	強みで脅威を回避するには？	弱みで脅威が現実にならないようにするには？

出所：筆者作成

職業ケース ①　　相続コンサルタント

「相続支援事業において，プロジェクトチームを組成する際，どのような士業と
組むべきか」

　佐藤は，相続支援事業を始める前に大手相続コンサルティング会社で5年ほど
実務経験を積ませていただきました。そのなかで多くの相続相談事例に取り組ま
せていただくことで，相続支援に関する多くの経験を積むことができました。

　一方で，東急リバブルという大手不動産仲介会社で不動産売買仲介の経験を積
みました。相続支援の現場では不動産を取り扱う場面が多く，私が事前に経験し
た不動産に関する経験は，間違いなく相続支援業務に役立っています。

　また相続はコンサルタントの単独業務で完結することが難しい業務となります。
例えば登記が必要であれば司法書士の力が必要となり，相続人の間で対立が起き
てしまえば，弁護士の力が必要となります。相続税の申告は税理士の独占業務で
あり，不動産評価を下げたい場合は，不動産鑑定士の力が必要です。土地の測量
では土地家屋調査士の力が必要となります。先に述べたようにコンサルタント自
身が知識や経験を持っていたとしても単独では業務遂行が難しいという要素を持
ちえています。

　相続コンサルティングは相続手続きという業務の中で，顧客が抱えている顕在
化されていない様々な問題を発見し，解決へと導くことが求められますが，その
解決にあたりどの士業と組むかは，当該プロジェクト成否の大きなポイントにな
ります。それほどパートナーシップを組むメンバーというのは大切な要素となり
ます。

　それでは士業の選定の際にどのようなことに気をつけて選定すれば良いでしょ
うか。私がいつも心がけているポイントを以下に記載します。

1．総合的なビジネススキルが他の同業者よりも優れている

　これはいうまでもないと思います。弁護士や税理士だからといって，資格者が
全員同じスキルを有しているかといえば，必ずしもそうではありません。例えば，
業務スキルはどうでしょうか。資格の合格時には最低限の知識を身につけたこと
の証明にはなりますが，資格取得後，努力をしていなければ知識は落ちていき，
法律の改正などで新しく覚えなければならない知識の習得に対して努力をしてい

なければ，努力をしている同業者とは明らかな差が開くでしょう。

　さて，そもそもスキルとはなんでしょうか。上記の法律や税務のことを知っていることはスキルの一部です。ただし，スキルはそれだけを指すものではありません。身なり，マナー，香り，所作，言葉遣い，営業手法などもスキルとして含めます。コンサルタントが長いお付き合いを考えている顧客を紹介するからには総合的に優れている士業を紹介したいのは当然ですし，紹介者責任を鑑みれば顧客に素晴らしいと思っていただける士業を紹介することは案件成功への十分条件となります。

２．ホスピタリティ・マインドを持っている

　知識だけがコンサルティングの差別化要因とはいえないところもあります。それは，本文でも述べている感情面に関する対応です。現在ホスピタリティは，営業の重要な要素の一つとなっています。いかに顧客により添いながら，気持ち良い対応ができるか。士業はスキルさえ持っていれば大丈夫だといった強気な意見も聞くことがありますが，時代はそれを求めていません。スキルだけであれば，今後すべての業務がAIに奪われていくことになるでしょう。

　以前，ある顧客に対してスキルの高い営業マンが経済合理性のある誰もが納得のいく提案をしていました。しかし，その顧客は営業マンの提案を断り続けました。後日談として理由を伺ったところ，提案内容は素晴らしいものだと理解していたとのこと。しかし，営業マンが好きではなかったとのことでした。嫌いな人からは何を提案されても「はい」とは言いたくなかった，とおっしゃっていました。この話を聞いたとき，私は「人間」というものの複雑性をあらためて感じました。

　だからこそ，士業もホスピタリティによる差別化が求められているのです。専門領域に強い医療の世界で例えてみます。例えば医師は，内科，外科，整形外科，耳鼻咽喉科と体の部分で専門領域化されています。私たちが喉が痛くなり風邪と想定した場合，まずどこの科に行くでしょうか。おそらく外科には行かないでしょう。整形外科にも行かないと思います。やはり内科もしくは耳鼻咽喉科に行き，診察をしてもらってはじめて安心できると思います。

　一方，士業はどうでしょうか。税理士であれば誰もが相続税のプロだと考えがちですが，実はそうではありません。同じ税理士でも５科目の試験に合格して税

理士になる人もいれば，税務署等の勤務経験等により一定の要件を経て税理士になる人もいます。税理士試験は 5 科目合格制です。簿記論や財務諸表論は受験に必須の科目ですが，相続税や消費税，固定資産税などは選択制となっています。

　受験時に相続税を選択して合格した税理士や，仮に相続税を受験していなくても実務のなかで相続税の申告を100件以上経験しているのであれば相続税の手続きに関してはある一定レベルを超えているといっても良いでしょう。しかしながら，相続税法を受験せずに税理士となったものや，税理士の王道である法人のみ対応している税理士がいざ相続税の申告となるとどうでしょうか。それほど簡単に相続税の申告書を作成できるものではない，と資産税専門の税理士からも聞いています。

　また税務署等の勤務からの税理士資格取得者にも相続をあまり経験しない有資格者もいるでしょう。そういう税理士は，相続に強いとはいえません。つまり税理士の誰もが，相続が得意かというとそういうわけではないということです。

　これは税理士に限らず他の士業でも同様のことがいえます。いずれにせよ，顧客に紹介する場合は，相続業務の経験を積み，実績を有する士業を紹介する方がよいのです。

3．顧客と相性が合う

　ここは相続コンサルタントのセンスが問われる部分です。上記で述べた①スキルが高く，②ホスピタリティを持ちえており，③専門領域に強い士業を相続コンサルタントが顧客に紹介したとしましょう。これでどの案件も安泰である，と思ってしまっていたら問題です。

　私も過去に失敗がありました。紹介した士業と顧客の相性が合わなかったのです。私としては顧客のプロファイリングもある程度把握していて，かつ，紹介する士業のことも性格も含めそれなりに理解していたつもりでした。

　しかしながら，いざ紹介のうえ，業務を進めてみるとそれぞれのやりとりにぎこちなさが出てきました。プロジェクトリーダーは，当該プロジェクトの場の空気を読み続ける必要がありますが，顧客と相対でいる際，話を聞いてみると紹介した士業とはウマが合わないと話をされました。一方，士業に対して顧客について話を聞くと「うまく対応できている」といいます。びっくりすることに，双方にギャップが生じているのです。

　これは怖い話です。サービス提供側が顧客の異変に気付いていないからです。こうなってしまっては相続というデリケートな手続きにおいて顧客との信頼関係をより深く醸成していくことは難しくなります。相性は理論的にも理解することが難しく，そもそもコンサルタント側も理解できていないケースもあると思います。しかしながら，相続コンサルタントはどのプロジェクトであっても相性の良し悪しはしっかりと確認していく必要があるでしょう。

　このようにしてコンサルタントは，強みを活かしつつ，相続全般の広いスキルと，足りないスキルを補完すべく各士業との連携を強化することにより，共創体制を築き，顧客のサポートを行います。

　最後に一つ，セクショナリズムが起こらならないように全体最適でプロジェクトを推進していくことが必要であることも付け加えておきます。相続案件では，2人ペアではなく，3人，4人と複数のチームを組成してプロジェクトを推進することもあります。

　その際，上記で述べたように顧客と士業の関係だけではなく，士業と士業の相性も見極める必要があります。士業同士の相性が合わない場合，結果として顧客に迷惑がかかることもあるでしょう。プロジェクトチーム組成はそれほど簡単なものではないことを理解しておくことが大切です。

注

1）少子高齢化が生産年齢人口（15～64歳）に対する従属人口（14歳以下の年少人口と65歳以上の老年人口の合計）の比率が上昇することで社会保障費などが嵩み、経済成長を阻害すること。

2）野村総合研究所（2018）によれば，富裕層は「純金融資産保有額が1億円以上5億円未満」，この上位階層である超富裕層は「5億円以上」と定義されています。しかしながらこの統計には不動産資産は入っていませんので，十分な定義ではありません。

3）内閣府（2014）総括表「県内総生産（各目）」

4）同上。

5）FGIは，実施者であるモデレーターが，複数の被験者に対してインタビューを行い，主に定量調査前の仮説を設定しようとする際に用いられることが多い手法です。またデプスインタビューは，アンケートなどの定量調査後の傾向について追跡的に事実を検証するために，モデレーターと対象となる被験者（一人）に対して用いられる手法です。

6 ）米経済学者のジョージ・アカロフ（2001年ノーベル経済学賞受賞）により，レモン市場の例を説明する際に使われた用語です。情報の送り手側が，情報の受け手よりも圧倒的な情報優位性を持っている状態のことを情報の非対称性があるといいます。“レモン”とは，中古車業界において「欠陥品」を示す隠語です。中古車市場では，買い手が商品について欠陥があるか否か区別ができない状況下にあるため，高品質の商品があってもレモン（欠陥品）であろうと捉えられてしまいます。これにより顧客が離れて，最終的には中古車市場での取引が機能しなくなるという状態に陥るのです。

7 ）Barney, J. B.（2013，上基本編）p.148

8 ）VRIO は，米経営学者のジェイ・B・バーニーにより提唱された，自社に保有・蓄積されている経営資源が，強みなのか弱みなのかを判断するための分析フレームワークです。

9 ）ロイヤルティとは，「忠誠心」と訳され，ある特定の企業および製品ブランドに対して感じる「愛着」や「信頼」等の意味合いで用いられる用語です。

10）「他社には模倣できない中核的な力」を意味する概念であり，米経営学者ハメルとプラハラードにより提唱されました。これを説明する際には，よく樹木の構造が例えられます。企業活動を樹木の構造に当てはめた場合，コア・コンピタンスは樹木を支える根の部分として表現されます。根は地中深く張り巡らされており，表面からは見えません。この目に見えない経営資源を用いて，大きな幹（コア製品）や枝（事業）が作られ，表に見える花や果実（最終製品）となります。

11）一橋ら（2019）は，相続コンサルタントが士業ではない場合，士業であっても専門外の業務である場合，他士業の独占業務である場合は他士業に依頼し，連携する必要が出てくると指摘しています。

12）青木（2008）によれば，ライフコースとは，「個人が一生の間にたどる人生の道筋（人生行路）のこと」を指すといいます。1970年代に社会学や発達心理学の分野で生じた研究枠組みです。人生の先立つ段階における経験が，その後の消費者行動のパターンに，どのような影響を与えるかを理解する上で役に立つとされています。（青木，2019，p.34）

13）各士業の独占業務については，巻末付録（各士業法：弁護士法，税理士法，司法書士法，行政書士法，不動産の鑑定評価に関する法律）を参照してください。

第4章　企業戦略の策定

1．ミッション・ステートメントの策定

　経営に関する戦略には，企業全体の進むべき方向性を示すものとしての「企業戦略」と，その方向性を具体化するための「競争戦略」と「機能戦略」があります。一般的には，特定の製品と顧客層から規定される事業がいくつか集まって一つの企業が形成されていますが，企業を構成する個々の事業の進むべき方向性とその手段を示すものが「競争戦略」となります。「機能戦略」は，営業や生産，物流，研究開発，財務，情報，組織・人事等の各機能に関する戦略です（図表4-1）。

図表4-1　経営戦略の構造

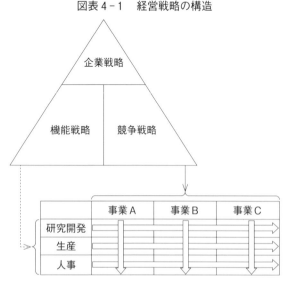

出所：筆者作成

　図表4-2に示したように，一般的に自社が目指すべき方向を定義したものを「ミッション・ステートメント」といいます。これは上記の企業戦略の中で定義されるものであり，企業理念（存在意義や使命：ミッション），目的・目標（将来ありたい姿：ビジョン），事業領域（企業が顧客と接点を持つ領域：ドメイン），行動規範（従業員が持つべき価値観：コア・バリュー）で構成されています。

図表4-2　「ミッション・ステートメント」検討フレーム

企業理念 （ミッション）	企業としての存在意義や基本的な使命
目　的（ビジョン）	企業として将来ありたい姿，定性的な姿
目　標（ビジョン）	具体的な定量的，定性的達成目標 2020年○月期　○○億円
事業領域 （ドメイン）	ミッション実現に向け，企業として社会と関わり貢献していく領域
行動規範 （コア・バリュー）	会社で業務を遂行していく際に，最も大切にすること

出所：筆者作成

　これを明確に設定している企業とそうではない企業では，経営のクオリティが大きく異なります。例えば東京ディズニーランドを運営するオリエンタルランドは，「自由でみずみずしい発想を原動力に　すばらしい夢と感動　ひととしての喜び　そしてやすらぎを提供します[1]」，リッツ・カールトンは「顧客への心のこもったおもてなしと快適さを提供することをもっとも大切な使命とこころえています。私たちは，顧客に心あたたまる，くつろいだ，そして洗練された雰囲気を常にお楽しみいただくために最高のパーソナル・サービスと施設を提供することをお約束します。リッツ・カールトンで顧客が経験されるもの，それは感覚を満たすここちよさ，満ち足りた幸福感そして顧客が言葉にされない願望やニーズをも先読みしておこたえするサービスの心です[2]」というクレド（信条），スターバックスコーヒーは「人々の心を豊かで活力あるものにするために─ひとりの顧客，一杯のコーヒー，そしてひとつのコミュニティ

から[3]」といったミッションがあります。

　それでは相続支援事業におけるミッション・ステートメントはどうでしょうか。相続問題を解決するための支援事業を始めようと思ったきっかけは，それぞれ様々な理由がありますが，例えば筆者（佐藤）の場合は祖父母の相続問題にありました。自分事として相続の大変さを知ったため，まずは相続に関する基本的な知識を身につけておきたいと思ったこと，その知識を身につけたのであれば，仕事に生かして自分でも相続に困っている顧客を支援したいと思ったこと，そして自分で事業として展開するのであれば，しっかりと持続的に利益を生み出していきたいという想いがあったのです。このような創業の精神をベースに掲げられるミッションおよびビジョンは，以下のようになります（図表4-3）。

図表4-3　相続支援企業のミッションとビジョンの例

ミッション 私たち○○○○（企業名）は，きめ細かい丁寧なサポートを行えるよう○○県に特化した相続サポートを通して，相続や事業承継に悩み，困っている顧客の問題解決に全力で取り組みます。
ビジョン ○○県の相続といえば，○○○○が相談相手として一番良いと言ってもらえる団体を目指します。
コア・バリュー ・顧客と2世代，3世代にわたる素晴らしい関係を築きます。 ・品格と思いやりを持ち合わせたプロ集団であり続けます。 ・絶えず知識を習得し，高みを目指します。 ・1＋1が4や5になるようにスタッフみんなで力を合わせます。 ・すべての業務において本質を追求します。

出所：筆者作成

　事業を構築する上では，社会問題を解決しているのだから儲からなくてもよいといった考え方はよくありません。一方で利益を確保することだけを追求するという考え方にも問題があります。その事業の開発・提供を通して，全員が

幸せになる。そこで必要となる考え方がCSV（Creating Shared Value）[4]です。社会問題としての課題を解決する事業を開発するということは，つまりは社会的価値と経済的価値の両輪を満たす必要があるということなのです。

2．PPM分析による資源配分

　自社の事業が複数ある場合は，PPM（Product Portfolio Management：プロダクトポートフォリオマネジメント）分析により，それぞれの事業の位置付けを確認し，当該事業への資源配分について検討します。このフレームワークは，米コンサルティング会社のボストン・コンサルティンググループにより開発されました。PPMは縦軸に市場成長率，横軸に競争優位性（相対シェア）を取ることで，4つの象限を作り出します（図表4-4）。

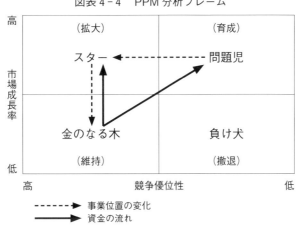

図表4-4　PPM分析フレーム

出所：筆者作成

　市場成長率が低く，競争優位性が高い左下の象限にある事業は「金のなる木」と呼ばれ，その企業の大黒柱となる事業です。右下の市場成長率が低く，競争優位性が低い事業は，「負け犬」と呼ばれ，これ以上経営資源を配分する

のは困難な事業であり，撤退の方向で検討される事業です。右上の市場成長率が高く，競争優位性が低い事業は「問題児」と呼ばれます。この象限にある事業は，まだ研究開発中で多くの投資が必要であり，市場で十分なシェアが獲得できていない事業です。そして左上の市場成長率が高く，競争優位性が高い事業は「スター」と呼ばれます。現時点ではまさしく花形の事業となっているため，次世代の主柱となる可能性がある事業として位置付けられることになります。

　一般的には，「金のなる木」に位置する事業で獲得した資金を，右上の「問題児」や「スター」象限にある事業へと投資して育成・拡大していくことにより，次の「金のなる木」となる事業を生み出していくという循環的なサイクルを回していくことが理想的な姿であるとされています。

　なお図表4-5に示すように，市場成長率は，市場における伸長率であり，通常は対象年度と前年度の市場規模の比較（つまり成長率）により算出します。また競争優位性（相対シェア）については，市場規模に対して，業界1位の企業の売上高比率（市場シェア）と自社の売上高比率とを比較した相対シェアを算出します。この2つの数値をプロットすることにより，PPMが完成します。

　またこのPPMと類似したツールとしては，図表4-6に示すGE（General

図表4-5　PPMの作成方法

①事業別市場成長率を算出する

市場成長率（%）＝今年度市場規模÷昨年度市場規模×100

②相対シェアを算出する

相対シェア＝（自社の売上高÷市場規模）
　　　　　÷（業界1位or2位企業の売上高÷市場規模）

③縦軸に①，横軸に②をとり，図にプロットする。

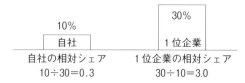

	30%
10%	1位企業
自社	
自社の相対シェア	1位企業の相対シェア
10÷30＝0.3	30÷10＝3.0

出所：筆者作成

図表 4-6　GE ビジネススクリーンフレーム

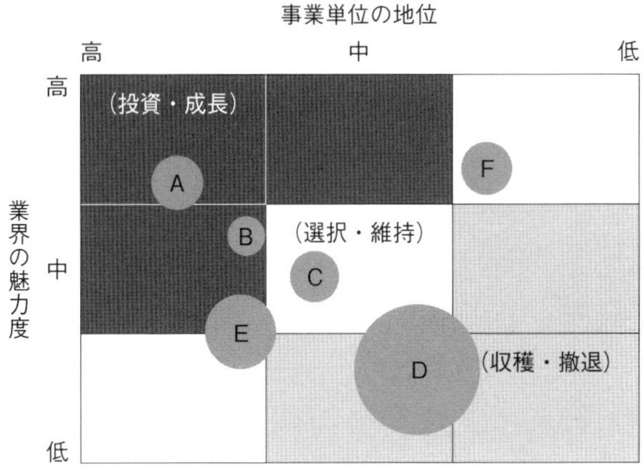

出所：筆者作成

Electric）と米コンサルティング会社のマッキンゼー＆カンパニーが開発した
「GE ビジネススクリーン」もあります。

　GE ビジネススクリーンは，「業界の魅力度」と「事業単位の地位（競争ポ
ジション）」の 2 軸・9 象限によって組成されます。「業界の魅力度」は，主に
市場規模や成長率，事業者間の交渉力の状況，競合の集中度，技術革新の状況
等が評価項目となります。また「事業単位の地位」は，市場シェアや売上高成
長率，自社のブランド力や営業力等の項目で構成されます。

　例えばこれに「司法書士」における相続支援事業をプロットしてみると，図
表 4-7 のようになります。

　司法書士といえば，不動産や法人の登記が主業務となります。現状，仕事の
大半を占める「登記」事業は，業界の魅力度は低いが事業単位の地位は高い
（強い）状況にあります。定年のない司法書士は，先に顧客を囲い込んでいる
有資格者に先行優位性が存在しています。新規に資格を得た新人は顧客開拓が
難しく，新規参入の障壁が高い状況にあります。

　長年そのような状況であったものの，登記以外の業務として債務整理という
新しい事業領域が生まれました。利益率が高いことから，一時的には債務整理

図表4-7　例）GEビジネススクリーンによる司法書士の相続支援事業のプロット

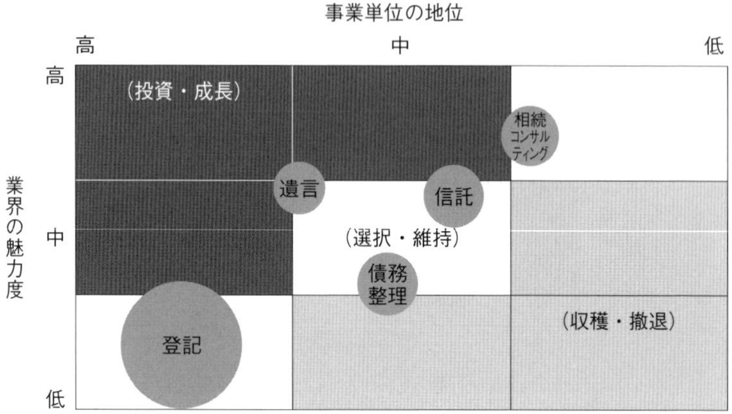

出所：筆者作成

を専門に扱う司法書士もあらわれましたが，この事業領域は縮小傾向にあります。

　一方，相続における信託を新たな商機として捉え，躍進してきた司法書士もいます。信託制度は，高度な知識やスキルが求められる領域であることからなかなか参入が難しく，中堅ないしはベテランが当該領域を席巻している状況が見受けられます。

　こうした「信託」事業は，業界の魅力度は高くなりつつありますが，事業単位の地位はまだそれほど大きくはなく，これからの投資・成長が期待される事業であるといえます。

　しかしこの先はどうでしょうか。弁護士を筆頭とした他資格との競争や新たな司法書士資格者の台頭があり，果たして登記，債務整理，信託といった個別の業務で持続的な競争優位が続くといえるのでしょうか。司法書士においても今後はコンサルタント化が求められ，顧客の要望に幅広く対応する，ワンストップ・サービスが提供可能な司法書士が求められるのではないでしょうか。

　そして「相続コンサルティング」事業は，上記の通り他業種からの参入事業者らが増え，業界の魅力度は高くなっていますが，実際に司法書士業界のプレーヤーが参入しているケースはまだ稀少です。このため，事業単位の地位は

相対的に低いといえるでしょう。

3．成長方向の定義

　アンゾフのマトリクスは，米国の経営学者イゴール・アンゾフ（Igor Ansoff）によって提唱された，自社が進むべき方向性を決定する際に使われる成長方向を定義するフレームワークです。自社が取るべき行動を「製品・サービス」と「市場」の2軸によって，4つの象限により分類したものです。

　企業が持続的な成長をしていくために進むべき方向は，4つの方向があります。まず現市場（既存顧客）に対して，既存の製品・サービスを提供していく方向と，現市場（既存顧客）に対して，新たな価値を提供していく方向，新市場（新規顧客）に対して，既存の製品・サービスを提供していく方向と，新市場（新規顧客）に対して，全く新しい価値を提供していく方向の4つとなります（図表4-8）。

　相続の市場に参入してくる事業者は，はじめに不動産事業を展開している事業者も多くいます。この成長方向で動きを見てみると，最初は不動産事業で関

図表4-8　アンゾフのマトリクス

製品・サービス

	既 存	新 規
既存	市場浸透	新製品開発
新規	市場開拓	多角化

（市場）

出所：Ansoff, H. I.（1965＝1969）

係を持つ顧客に対し，不動産事業（販売・リノベーション等）としての商品・サービスを提供して「市場浸透」に取り組みます。

　これがある程度成熟化して，既存顧客に既存製品・サービスを提供しつくした場合は，今度は新しい顧客に対して，既存の不動産事業を提供する「市場開拓」に出るか，既存顧客に対して，不動産事業ではない新しい製品・サービスを提供する「新製品開発」を行うという2つのパターンが考えられます。そしてこのパターンを選ばない場合は，新規顧客に新製品・サービスを提供するという最終的な方向性である「多角化」を行います。

　不動産ビジネスの将来性に行き詰まり，相続支援事業を展開するというケースがあります。これは先ほどの「新規顧客への新製品・サービス開発」に該当します。競合事業者という意味では，士業はまだ「市場浸透」の領域を出ていません。さらに成長していく上では，自分の強みをより活かせるような新規事業によって付加価値を付けていかなければ，早々に市場で淘汰されてしまうのです。このためには，自分がこれまでに経験して得たものを深めていくことが重要になりますが，これだけではなかなか新しいものは生まれません。これに加えて，自分にない新たな知見を，他者との連携によって獲得していく姿勢が求められます。

　この考え方は，オライリー＆タッシュマンらが提唱する「両利きの経営」にも当てはまります[5]。筆者（佐藤）の起業のケースでは，現行事業である不動産事業に関する知見を深めて蓄積していく「知の深化」を図りました。またこれと同時に，他社との連携により新たな知見を獲得する「知の探索」として，相続支援事業に関係するキーパーソンに会ったり，勉強会に参加したりしながら，異業種・異分野の人と交流し連携することにより，相続支援事業の優位性やその将来性に気づくことができました。

注 ───────────────────────
1）オリエンタルランド公式ホームページ
　　http://www.olc.co.jp/ja/company/philosophy.html（2020年5月6日閲覧）
2）リッツ・カールトン公式ホームページ

　　https://www.ritzcarlton.com/jp/about/gold-standards（2020年 5 月 6 日閲覧）

3 ）スターバックスコーヒー公式ホームページ

　　https://www.starbucks.co.jp/company/（2020年 5 月 6 日閲覧）

4 ）CSV とは日本語では「共有価値」と呼ばれ，米経営学者のマイケル・ポーター
とマーク・クラマーにより提唱された概念です。企業が社会課題を解決すること
により，社会的価値（社会課題自体の解決）と経済的価値（売上・利益の獲得）を同
時に実現しようとするアプローチです（Porter & Kramer, 2006）。

5 ）O'Reilly & Tushman（2016＝2019）

第5章　競争戦略の策定

1．基本戦略の策定

　企業が市場で競合事業者に対して，競争優位性を構築するための3つの基本戦略を決める際に用いられるフレームワークは，以下となります（図表5-1）。

　まず3つの基本戦略の1つ目の「コスト・リーダーシップ戦略」とは，他社と比較して圧倒的なコスト優位性を実現し，低価格で製品・サービスを提供する戦略です。2つ目の「差別化戦略」は，他社がなかなか真似できない技術やノウハウ等により，差別化された製品・サービスを提供することです。そして3つ目の「集中戦略」は，特定の市場でコスト集中ないしは差別化集中を追求する戦略となります。

　顧客ターゲットの範囲で「広いターゲット」は，全てのエリア（日本国内：

図表5-1　3つの基本戦略フレーム

競争優位の構築の手段

	他社より低いコスト	差別化
広いターゲット	1．コスト・リーダーシップ	2．差別化
狭いターゲット	3a．コスト集中	3b．差別化集中

（顧客ターゲットの範囲）

出所：Porter, M. E.（1985 = 1985）

全国・地方ブロック等）や全カテゴリー（幅広い年代層等）を対象としていることになります。逆に「狭いターゲット」は，ある特定のエリア（県や市区町村等のいずれかのエリア）や特定のセグメント（低所得者層・富裕層等のいずれかのセグメント）を対象にしていることになります。また「低コスト」は，他者に絶対に負けない価格（安価）で相続支援サービスを提供できるということ，「差別化」は他社にはできない相続支援サービスを持っているということになります。このようなポジショニングの種類を頭に入れて，自社の基本戦略を明確にしていく必要があります。

　相続支援事業の観点からみると，前述のファイブ・フォース分析の業界構造図のところで登場する各プレーヤー（税理士・司法書士・弁護士・保険事業者・不動産事業者等）の基本戦略は，どのようになっているのでしょうか。例えば下図は，税理士業界における各プレーヤーの位置付けを整理したものです（図表 5 - 2）。

　相続支援事業をめぐる税理士業界では，これまでの経緯より，相続税を専門とする税理士か否かによって，各プレーヤーの基本戦略が変わります。現在業界においては，広範なターゲットに対して現行業務を低コストで提供している

図表 5 - 2　税理士業界の各プレーヤーの基本戦略

出所：筆者作成

のは「大手税理士法人」であり，比較的地域に密着した狭いターゲットの範囲で，同様に低コストで価値を提供しているのは，主に個人事務所系の「一般の税理士」です。

　そして既存の価値とは異なる，「相続税専門」という差別化された製品・サービスを広範囲の顧客に提供している「相続税専門の大手税理士法人」，狭い範囲の顧客に提供する「相続税専門の一般の税理士」が存在しています。

2．持続的な競争優位性の構築

　短期ではなく長期に持続的な競争優位性を構築する手段として，特に基本戦略において具体的に差別化を図っていく際には，強いブランドの構築が極めて重要となります。このブランドを構築するためには，ブランド戦略を策定する必要があります。一般に「ブランド」というと，そのイメージからマーケティング手段の一つとして捉えられがちですが，実は四半世紀も前から，経営資源として，企業の競争優位を構築する源泉であるといわれています（恩蔵, 1995）。ブランドとは，アメリカ・マーケティング協会によれば，「ある売り手の財やサービスを他の売り手のそれとは異なるものとして識別するための名前・用語・デザイン・シンボル，及びその他の特徴」であると定義されています。

　ブランドは正式には「ブランド・エクイティ」と表現され，この構成要素は図表5-3に示す通り，「ブランド認知」「知覚品質」「ブランド・ロイヤルティ」「ブランド連想」「その他の所有しているブランド資産」という5つの要素から構成されています[1]。

　この5つの要素は，そのブランドが顧客の頭の中に構築されている資産としての状態であり，「ブランド認知」とは，その企業や商品（製品・サービス）について，知っているあるいは聞いたことがあるという認識が構築されている状態の資産です。「知覚品質」は，その企業や商品（製品・サービス）についての機能としての便益や効果等を既に体験済みで，他と比較して品質が良いと思っており，その価値をよく知っている状態にある資産となります。そして「ブランド・ロイヤルティ」は，ある特定のブランド（企業，商品）について，

図表 5-3　ブランド・エクイティの構成要素

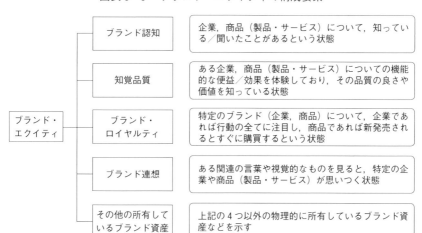

出所：Aaker, D. A.（1991 = 1994）

企業であれば行動の全てに注目し，商品であればすぐに入手するという状態に
ある資産となります。

　「ブランド連想」とは，ある関連する言葉や視覚的なものを見ただけで，特
定の企業や商品（製品・サービス）が思いつく状態にある資産です。なお「そ
の他の所有しているブランド資産」とは，知的財産権における著作権や産業財
産権（特許や商標等），顧客との関係性等のブランド以外の資産のことを指し
ます。

　このようなブランドを評価する方法は，大きく財務的視点から評価する方法
とマーケティング的視点から評価する方法の 2 つの方法があります。財務的視
点からの評価は，一つは企業全体の価値（企業価値）からブランド価値部分を，
独立した価値として抽出して評価する独立評価アプローチという方法，そして
もう一つは，株式市場における現時点での評価と過去から引き継いでいる保有
資産の評価との差から，超過収益力（ブランド価値）部分を算定するという残
差アプローチの 2 つがあります（小具，2008）。

　今回のように，図表 5-3 に示したブランド・エクイティの構成要素をベー

スに評価する方法は，マーケティング的視点からの評価方法となります。

　相続支援事業では，士業の連合体でワンストップで実施することによるブランド認知，学歴や書籍などのシグナリング[2)]，ホームページやタイトル，色合い（暖色・オレンジ等の色彩：カラーマーケティング，ブルー／グリーン，黒＝信頼性・重厚感）等の要素が重要となります[3)]。

　上記に基づいて，相続支援事業における相続チームのブランド・イメージを考えてみると，これからの相続支援事業においては，従来の士業に構築されていたブランド・イメージ（前述した図表5‐2のポジショニング・マップ上の右の象限：士業がこれまでドメインとして展開してきた独占業務を行う上で構築されてきた，稀少性があり模倣困難性もあるというイメージ）は通用しません。

　それぞれの士業が，機能に応じた業務を実行することは，各士業がこれまでに培ってきた業務的な知見により可能です。ただし相続に特化して顧客対応をする専門組織を組成する際は，その士業のレベルによって持続性のある対応が可能か否かが決まります。

　当該のチームには，リーダーシップを発揮するファシリテーターが必要になります。これに加えてリーダーおよび各メンバーは，個人としてのパーソナル・ブランドがなければなりません。つまりそれぞれスター性が必要になるということです。

　このスター性にはいくつかの条件があります。①自身の業務的な専門性が十分に確立されている（例えば自身の専門分野で数冊の著書がある／メディアへの出演や専門誌への寄稿等がある），②自身とは異なる専門性がある人と繋がっている，③自身の分野を他者へと繋げられるネットワーク力がある，④人間的な魅力がある（ゆるぎない人生哲学等を有している）といったことが条件となります。

　つまりは，こうしたスター性のあるリーダーおよびメンバーで組成されたチームだからこそ，起こるべくしてオープン・イノベーション[4)]（知の探索によるイノベーション）が起きているということなのです（図表5‐4）。

図表 5 - 4　オープン・イノベーションとクローズド・イノベーション

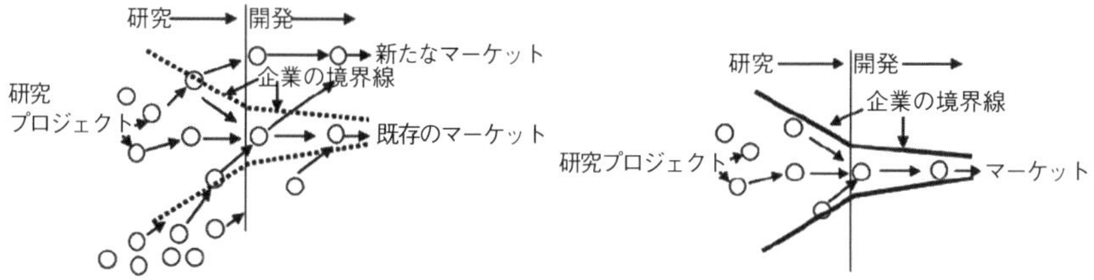

出所：Chesbrough, H.（2004 = 2004）

　このようなチームでは，例えば新しい財産診断のサービスを提供する場合な
ど，顧客（相続人）のニーズを把握し，解決策を取り入れながら，顧客と共に
柔軟にサービスを創り，新たな価値を共創するという展開も可能でしょう。

　相続支援事業というものは，減点方式の事業です。こうした製品・サービス
がきちんと提供できて当たり前であり，期待—効用の高いビジネスモデルであ
るといえます。

　また価格は高額では成約しません。事業の性質上，売主が獲得する最低限の
利益を明示し，企業努力によって増額することにより価値を認めてもらいます。
事前の過度な期待を下げ，きちんと付加価値を付けて事後評価（満足）してい
ただくようにする，つまり顧客満足に対する事前期待と事後評価との関係性を
マネジメントすることが重要になります。この繰り返しおよび蓄積が，企業・
個人としてのレピュテーション（評判）を構築することに繋がります。

　図表 5 - 5 に示した要素が，レピュテーションの評価要素です。ステークホ
ルダー[5] の企業に対する好意度・好感度，信頼度，尊敬という「情緒的アピー
ル力」や，その企業の製品・サービスの保証力，革新性，品質，価格に見合う
価値の提供といった「製品・サービス力」，またその企業の持つ明確なビジョ
ン・トップの強力なリーダーシップ，市場動向の把握といった「ビジョン・
リーダーシップ力」，そして社員に対する処遇の公平性，職場の魅力度，社員
の質・能力の高さといった「職場環境の状況」，その企業の収益性，投資リス
クの有無，将来性，競争力といった「財務実績」，社会福祉活動の支援，環境

図表5-5   レピュテーションの構成要素

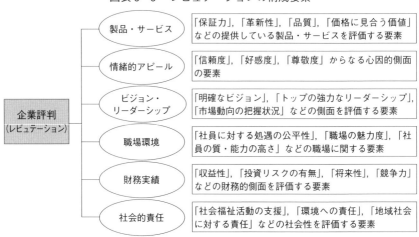

出所：Fombrun, C. J. & Van Riel, C. B. M.（2004 = 2005）

への責任，地域社会に対する責任といった「社会的責任」という6つの関連す
る尺度により評価されます。

　国内企業におけるレピュテーションの形成には，好感度や信頼度という人間
の内から来る感情的な側面や，製品・サービスの品質に対する評価，また企業
として，社会的な責任を果たしていることなどが影響すると考えられています。
「好感度や信頼性の獲得」「製品・サービス品質の安定」「社会的責任への取り
組み」を実施している企業としていない企業とでは，その評価を通して大きく
差が開く傾向が見られます。

　つまり「情緒的アピール」や「製品・サービス」「社会的責任」などの要素
は，レピュテーション（評判）の形成に大きく影響するのです[6]。

　レピュテーションを構成する要素は，いずれも相続支援事業においては，特
に重要となる要素です。例えば相続支援事業における「製品・サービス」は，士
業や相続コンサルタントが該当します。一般的に担当者には，費用対効果が求
められるのは当然ながら，顧客の期待を超えるサービスの提供が求められます。

　「情緒的アピール」は，相続支援事業においては特に重要です。物理的なモ

ノを提供しない相続支援事業においては，信頼性があって初めてサービスが成り立ちます。ただし，信頼性があっても好感度や尊敬の念がなければ，顧客は他の信頼している競合他社に依頼してしまうでしょう。「信頼度」「好感度」「尊敬度」といった情緒的アピールは，すべて兼ね備えていなければなりません。

「ビジョン・リーダーシップ」は，複数の組織で事業展開する士業や相続コンサルタントはもちろん，組織を拡大するような際にも必要とされます。大企業のトップによるリーダーシップのみならず，相続支援事業チームのリーダーである相続コンサルタントにも必要であり，特にプロジェクトの成功には必要不可欠となります。

「職場環境」は，社員の職場環境に対する満足度が，ひいては顧客にも結びつくことを表しています。生き生きと気持ちよく働く社員に，顧客や取引先は好感を示すからです。

「財務実績」も大切です。士業や士業法人においては，株式会社と違って資本構成が見えにくい部分がありますが，事務所の規模感や従業員数，広告宣伝の状況などから，当該事務所の財務状況は，顧客もおぼろげながら摑むことはできるでしょう。財務体力がないと思われれば，顧客からの評価は下がることは必至です。

最後に「社会的責任」についてはどうでしょうか。法律家たる士業は，社会的責任を強く持ちえているといいたいところです。しかしながら近年，後見制度を悪用して，顧客の財産を横領するような事件も発生しています。まだ数件の事例に過ぎないもののレピュテーションを考えれば，悪事は一切許されるものではありません。社会的責任は，とても重要なものであるといえます。

企業の活動は，製品・サービスのやり取りを顧客と行うことで初めて成立します。企業は顧客が望む，あるいは期待している製品・サービスを提供し続けるという行為によって，顧客との約束を責任を持って遂行していくのです。企業が初めに顧客と接点を持つのは，その企業が提供する製品・サービスであり，どのような企業のブランドもこれがない限りは構築されません。

　その製品ブランドを包括する様々なステークホルダーらに囲まれている製品
ブランドの集積，および単一でのブランドの総称が企業ブランドとなります。
この製品・企業ブランドの外側を防護するように覆っている皮膜のようなもの
がレピュテーションです。このレピュテーションとの直接的接点は，製品・
サービスのやり取りにより構築されるブランド・エクイティであり，また企業
を取り巻くステークホルダー群や外部・内部的な機会・脅威となる要因です
（図表5-6）。

図表5-6　消費者とブランド，レピュテーションとの関係性

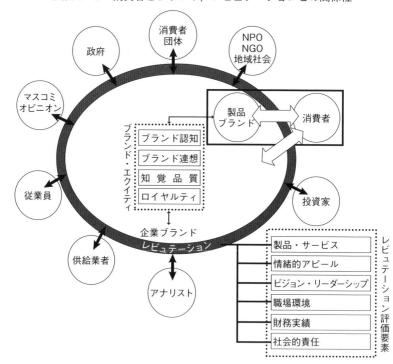

出所：小具（2007b）

注

1 ）Aaker, D. A.（1991＝1994）

2 ）シグナリングとは，「私的情報を保有している側が，適切に解釈すれば自らの情報の開示となるような行動を先に取る行為のこと」です。事例としては，労働市場において学歴が生産性のシグナルになるという Michael Spence（マイケル・スペンス）の例が有名です。書籍を出版しているといったことなどもこれに該当します。

3 ）佐藤ら（2017）p.44

4 ）米経営学者ヘンリー・チェスブロウ（Henry Chesbrough）により提唱されたイノベーションの促進についての考え方であり，内部だけではなく，外部の知識・知見を取り入れて革新的な新しい価値を生み出すことをいいます。なおクローズド・イノベーションは，社内のリソースのみで機能横断的に組成されるプロジェクト等により既存の知識を掘り下げる，つまり「知の深化」によるイノベーションと呼ばれています。

5 ）ステークホルダーは，主に第一次ステークホルダーと第二ステークホルダーの 2 つに分類されます。第一次ステークホルダーは「企業と相互依存関係にある集団の中でも，企業活動に影響を与える集団（債権者・株主・従業員・納入業者・顧客・小売業者等）」を指します。第二次ステークホルダーは，「企業の事業活動によって，直接的または間接的な影響を被る集団（外国政府・行政機関・社会活動団体・一般大衆・報道機関・地域社会等）」を指します（谷本，2004）。

6 ）小具（2007a）

第6章　事業の開発

1．事業開発のプロセス

　以下の図表は，一般的な事業開発のプロセスです（図表6-1）。事業開発は通常，大きく3つのフェーズに分かれます。第1ステップは，事業のアイデアを生み出し，これを評価するフェーズです。第2ステップは，第1ステップで評価した事業アイデアを詳細に評価するフェーズです。そして第3ステップは，第2ステップで評価・通過した事業アイデアの事業化に向けて，ビジネスプランに落とし込んで検証を行う事業化検証フェーズとなります。

　これらの一連のステップを経た上で，いよいよ実際に事業化の準備および事業化に入る事業化フェーズへと突入します。

図表6-1　一般的な事業開発プロセス

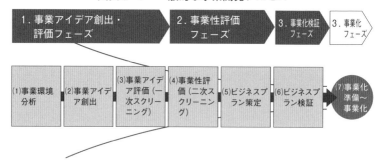

出所：筆者作成

２．事業アイデアの創出

（1）　強み分析

　事業アイデアの創出にあたっては，事業環境分析で実施したバリューチェーン分析により導かれた，自社資源の強みを押さえておくことが重要です。このフェーズから分析する場合の簡易フレームとしては，図表6-2のフレームが有効です。

　自社に蓄積されている強みは，主にハード面（土地・設備・保有設備等の有形資産），ソフト面およびその他（組織や人材に蓄積する技術，業務ノウハウ，ブランド，評判，名声，ネットワーク力等の簡易的な無形資産）といった大きな括りで評価すると良いでしょう。筆者（小具）の経験では，この単位以上の要素で分析すると内容が重複したり，ぼやけて整理・把握が困難になるため，できる限りシンプルな要素で分析することをおすすめします。重要なのは競合するプレーヤーらと比較して，自社の強みであると評価できるものを競争優位性として抽出することです。強みは，自社の特徴のうち「好ましい」ものであり，簡単には模倣（まね）できないものであることが基準となります。

図表6-2　強み分析フレーム

ハード面 （資産：土地，設備，保有機材等）	ソフト面 （組織や人材に蓄積する技術・業務ノウハウ，マインド：おもてなし等）	その他 （資金力，ブランド，評判・名声，ネットワーク力，法的な守り等）
	「強み」とは… ―自社の特徴のうち「好ましい」もの ―簡単には「まねできない」もの	

出所：筆者作成

相続支援事業においては，ハード面については店舗の立地が強みとなりえます。営業店舗の立地が駅前であれば，視認性などから店舗自体が広告となるだけではなく，社員の採用においても効果を発揮します（駅から近く通いやすい。有名なエリアにオフィスがある等）。設備の充実も必要です。オフィスの内装が社員に与えるプラスの影響はいうまでもありません。相続支援事業では顧客の資産に関する定量分析が欠かせませんが，その際に取り扱うパソコンや付随するソフトのレベルが低いと，作業時間の増大や作業する社員のストレスレベルが上がります。よって当然ながら，必須となるパソコンやソフトは最新型が望ましいといえます。

ソフト面はどうでしょうか。いうまでもなく，相続支援事業は社員あっての事業となります。競合他社と比較した際に，独占業務資格や営業，ホスピタリティにかかるスキルを保持した社員がいれば，競争優位に直結するでしょう。資格所有者が多いことは，対外的に広告宣伝になるのはもちろんのこと，独占業務をこなせる人数が多いことは，同時に受託できる業務のキャパシティが増えることも意味します。相続にかかるワンストップ・サービスを提供できることも強みとなります。

その他の強みとして考えられるのは，レピュテーション（評判）です。相続支援事業は，顧客からの信頼があって初めて成り立つ事業です。そのため税理士や司法書士といった資格は，与信として有していて当然ですが，これに加えて書籍および雑誌の執筆やテレビをはじめとするメディアへの出演を経験していること等が，顧客への信頼を醸成することとなります。

さらに，士業間のネットワークも欠かせません。相続支援事業はワンストップ・サービスが必要な場面がありますが，顧客にどのような専門家を紹介するかによって，相続支援内容の品質が大幅に変化することがあります。それほど，多くのネットワークを有していることには強みがあるのです。

(2) 事業コンセプトの検討

事業アイデアは，優れたコンセプトの条件に従います。どのような事業コン

セプトなのかという点から，「ターゲット（誰の）」「ニーズ（どのようなニーズに対して）」「提供価値（何を提供するか）」という 3 つの視点で整理することが重要です（図表 6 - 3）。

　この視点が一つでも欠けていると，新しい事業や商品・サービスは上手くいきません。

図表 6 - 3　事業コンセプト検討フレーム

ターゲット（誰の）	その事業を提供する相手（顧客）は誰か？（できる限り具体的に）
ニーズ（どのようなニーズに）	ターゲットが何を求めているか？　何に困っているか？
提供価値（何を提供するか）	提供する商品・サービスの内容とは？

出所：筆者作成

　以下は，相続支援事業に関する事業コンセプトの例です（図表 6 - 4）。

　ターゲットは，「○○県内に在住の保有資産 1 億円以上（不動産資産を含む）を有する富裕層の被相続人」であり，彼らの「相続をすることによって損をしたくない（節税したい／収益性をアップしたい／家族全員が円満でいたい）」

図表 6 - 4　相続支援事業の事業コンセプト例

ターゲット（誰の）	○○県内に存在の保有資産 1 億円以上（不動産資産を含む）を有する富裕層の被相続人
ニーズ（どのようなニーズに）	相続で損をしたくない • 節税したい（無駄なお金を払いたくない） • 収益性をアップしたい（利益を出したい） • 家族円満でいたい（家族皆で仲良くしたい）
提供価値（何を提供するか）	「節税効果（コスト削減）＋収益性向上（収益確保：収入アップ）×家族円満（継続性）」を実現するオーダーメイド商品・サービス

出所：筆者作成

というニーズに対して，「[節税効果(コスト削減)＋収益性向上(収益向上)]×家族円満（継続性）を実現するオーダーメイドの商品・サービス」を提供することが，本事業のコンセプトということになります。

3．事業アイデアの評価

(1)　事業コンセプトの評価

　事業コンセプトは必ず評価をします。この評価のことを「一次スクリーニング」と言います。評価の際の基準は，先の事業コンセプト（ターゲット・ニーズ・提供価値）の評価軸に属する以下の項目を記した評価シートにより評価を行います。

　まず「ターゲット」では，主に①対象とする顧客が明確か否かという点，②対象とする顧客の想定される市場規模の大きさについて評価します。そして「ニーズ」では，主に③対象顧客の満たされていないニーズが明確か否か，そして，④現状満たされていない内容が具体的に捉えられているか否かという点について評価します。そして「提供価値」については，⑤提供しようとしてい

図表6-5　事業コンセプト評価シート

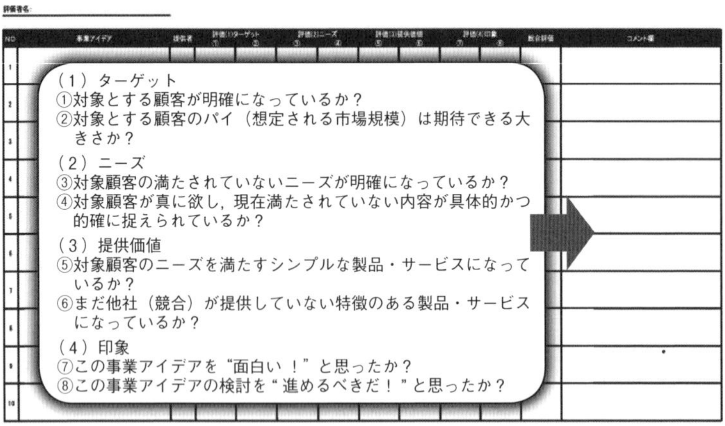

出所：筆者作成

る製品・サービスが，顧客のニーズを満たすシンプルなものになっているか否か，⑥まだ他社が提供していない特徴のある製品・サービスになっているか否かという点について評価します。そして最後に「印象」ということで，⑦事業アイデアそのものについて，"面白い"と感じたか否か，⑧この事業アイデアの検討を進めていくべきか否かという点について評価を行います。

このなかで特に重要な評価要素となるのは「印象」です。評価者自身が，純粋に顧客目線で，事業として直感的に魅力的かどうかということは重要なポイントになります（図表6-5）。

(2)　ビジネスモデルの検討

事業コンセプトを評価した結果，筋の良さそうな事業アイデアについては，続いてビジネスモデルを検討します。どんなに良い事業コンセプトであっても，事業として成立させなければ実現性は乏しくなります。これまでにもビジネスモデルを検討するにあたっては様々な方法がありましたが，現在ではBMC

図表6-6　ビジネスモデル検討フレーム（BMC）

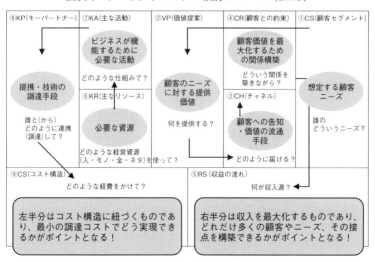

出所：Osterwalder & Pigneur（2010）を基に筆者作成

図表6-7　相続支援事業のBMC

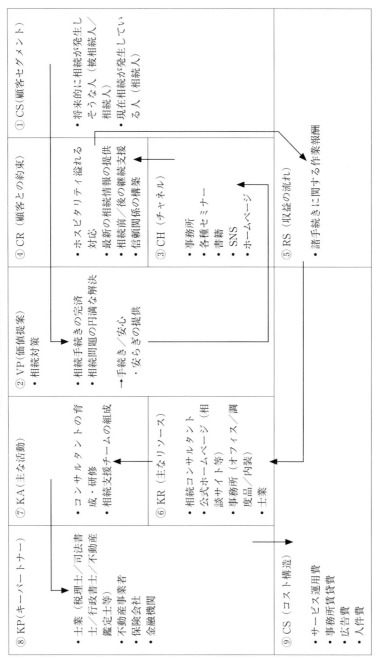

⑧KP（キーパートナー）	⑦KA（主な活動）	②VP（価値提案）	④CR（顧客との約束）	①CS（顧客セグメント）
・士業（税理士／司法書士／行政書士／不動産鑑定士等） ・不動産事業者 ・保険会社 ・金融機関	・コンサルタントの育成・研修 ・相続支援チームの組成	・相続対策 ・相続手続きの完済 ・相続問題の円満な解決 →手続き／安心 ・安らぎの提供	・ホスピタリティ溢れる対応 ・最新の相続情報の提供 ・相続前／後の継続支援 ・信頼関係の構築	・将来的に相続が発生しそうな人（被相続人／相続人） ・現在相続が発生している人（相続人）
	⑥KR（主なリソース）		③CH（チャネル）	
	・相続コンサルタント ・公式ホームページ（相談サイト等） ・事務所（オフィス／調度品／内装） ・士業		・事務所 ・各種セミナー ・書籍 ・SNS ・ホームページ	
⑨CS（コスト構造）			⑤RS（収益の流れ）	
・サービス運用費 ・事務所賃貸費 ・広告費 ・人件費			・諸手続きに関する作業報酬	

出所：筆者作成

(Business Model Canvas：ビジネスモデルキャンバス)[1] という，事業アイデアをどのような仕組みで事業に仕立てるかということを俯瞰的に検討することができる有用なフレームワークがあります（図表6-6）。

　既にお気づきかも知れませんが，図中の①CS（顧客セグメント）と②VP（価値提案）は「誰の」，「どのようなニーズ」に対して，「何を提供するか」ということを定義したものですから，前述した事業コンセプトとなります。

　つまり左側が投じるコストや活用する資源が表されたものであり，右側が価値を生み出すためのターゲットや提供価値を表していることになります。左側からインプットすることにより，右側のアウトプットが生まれるというきわめてシンプルな構造になっています。なお，相続支援事業をBMCで検討した場合は，図表6-7のようになることが想定されます。

4．事業性評価

　事業アイデアの評価（一次スクリーニング）をクリアしたら，今度は先のビジネスモデルを含めて，より詳細な事業性の評価（二次スクリーニング）を行います。このような際には，「BMO法」という手法を用いて評価することがあります。

　このBMO法とは，企業が開発する新規事業の詳細スクリーニングや事業参入・撤退を判断するための事業性について評価を行う手法のことです。「魅力度」と「適社度」という2つの評価尺度により評価が行われます。魅力度とは「事業の魅力度」のことであり，主に①市場規模・利益の可能性，②市場成長率（過去5年間の平均成長率），③競合状況，④リスクの分散，⑤業界の再構築，⑥特別な社会的状況という6つの項目により評価します。

　適社度とは，事業の自社への適合度のことであり，自社資源適合度と呼ばれることもあります。魅力度と同様に，企業や組織における①資金力や②現有マーケティング力，③現有製造力，④現有技術力，⑤原材料入手力，⑥事業

図表6-8　魅力度と適社度の評価項目

魅力度		適社度	
項目	評価内容	項目	評価内容
① 市場規模・利益の可能性	一定レベルの市場の大きさはあるか？	① 資金力	構想している事業の資金必要度は大きいか？ それに見合う資金力は十分あるか？
② 市場成長率	市場が成長する可能性はあるか？	② 現有マーケティング力	現有のマーケティング体制との適合性，ノウハウはあるか？
③ 競合状況	競合と想定される企業との競争状況はどうか？ 自社の優位性は見出せそうか？	③ 現有製造力	自社が保有する製造施設，製造ノウハウ，オペレーション力（組織・人材に付随するノウハウ）はあるか？
④ リスクの分散	市場細分化によりリスクが分散可能か？	④ 現有技術力	商品・サービスを提供するために必要な自社のサービス企画力や技術力はあるか？
⑤ 業界の再構築	業界の規制や秩序を打破することができるか？	⑤ 原材料入手力	原材料・部品の入手力はあるか？
⑥ 特別な社会的状況	特別な社会的優遇（法規制や補助金など自社が優位となる追い風）はあるか？	⑥ 事業推進力	事業の推進者がいるか？ 経営トップのサポートが十分に得られそうか？

出所：大江（2008）を基に筆者作成

推進力という6つの項目により評価を行います（大江, 2008）。

　それぞれの項目の評価内容は，図表6-8に示した通りです。

　図表6-9に示すように各項目は10点満点であり，事業度の合計点が120点満点中80点を超える場合に，次の詳細検討へと進むことができます。なおBMO法とはBruce Merrifield & Oheの略であり，発案者であるBruce Merrifield氏と大江建氏（早稲田大学大学院教授）の名字から命名されています。

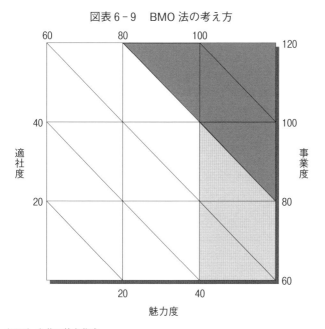

図表 6 - 9　　BMO 法の考え方

出所：大江（2008）を基に筆者作成

　図表 6 -10は，相続支援事業を BMO 法により，概観レベルで簡易評価した
ものです。

　まず魅力度の ① 市場規模・利益の可能性は，我が国の人口動態から見ます
と，持続的な規模の拡大が発生することは明らかです。国内で発生する相続資
産は，年間約50兆円[2]といわれています。例えば主戦場である埼玉県の相続
税納付額を見ても，1,500億円以上の市場が存在していることは確かです。

　そして ② 市場成長率（過去 5 年間の平均成長率）は，高齢化の進展に伴い，
今後数十年に渡って拡大していくことが予想されます。また ③ 競合状況は，
現時点（2020年）では先発事業者が市場を席巻しているという段階ではありま
せんが，前述したように今後は新規事業者の参入が続き，様々なプレーヤーが
市場に入ってくることが予想されます。ただし相続支援事業の製品・サービス
の代替可能性は低く，これが急激に変化するということは考えにくい状況であ
るといえるでしょう。

図表6-10 相続支援事業の魅力度と適社度に関する評価結果

魅力度		適社度	
項目	評価内容	項目	評価内容
① 市場規模・利益の可能性	我が国の人口動態から，持続的な規模拡大が発生する。相続税申告等の独占業務や不動産取引による利益は獲得しやすい。	① 資金力	豊富な資金力はなかったが，アーリーステージは人的資本での代替が可能であった。
② 市場成長率	急激な規模の拡大はないが，今後数十年に渡って，市場が安定的に拡大（成長）する。	② 現有マーケティング力	前職の経験により，多くの費用をかけなくても，ノウハウや人的ネットワークを活用する等の効果的なマーケティングが展開できた。
③ 競合状況	現時点（2020年）で先発事業者の市場席巻はないが，今後は新規事業者の参入が続く。製品・サービスの寿命は，5年以上継続する（代替可能性は低い）。	③ 現有製造力	前職の経験により，相続対策や相続手続きのメニューについて把握していたのに加え，運営ノウハウや人材（自身）がそのまま適用できた。
④ リスクの分散	独占業務の選定や戦略的なエリア選定で対応することにより，リスクの分散は図れる。また一つの分野（登記・申告等）で競合が出現してもコンサルティング業務等，他の応用分野への展開も図れる。	④ 現有技術力	前職の経験により，必要とされる相続コンサルタントのスキルを事前に持ち得ていた。コアスキルである顧客のニーズに合わせて提案できる能力・案件化に関する調整力等を有していた。
⑤ 業界の再構築	相続支援業務の技術（AI等による申告業務の効率化）は革新的なものにはならず，ノウハウ（コンサルタントのスキル等）により，再構築が進む可能性は高い。	⑤ 原材料入手力	従業員数は数名だが，ノウハウを持つ人材・士業ネットワークは十分に確保できていた。事業の性質上，自身で数十名の顧客対応が可能。逆に規模拡大はボトルネックとなる。
⑥ 特別な社会的状況	相続税法改正や相続税増税等の政治的な動きにより，相続支援事業の展開に対する優位性は高い。	⑥ 事業推進力	自身が経営トップであり，強力な専任事業推進者であるため，問題はなかった。ただし規模拡大はボトルネックとなる。

出所：筆者作成

④ リスクの分散については，独占業務の選定や戦略的なエリア選定で対応することにより可能でしょう。また一つの分野（登記・申告業務等）で競合が出現しても，コンサルティング業務等他の応用分野への展開が図れる可能性があります。

⑤ 業界の再構築は，これまで見てきたように，相続支援業務に関する技術の高度化（AI等による申告業務の効率化等）は革新的なものにはなりえません。むしろ相続コンサルタントとしてのノウハウを有しているか否かによって，再構築が進む可能性が高いといえるでしょう。そして ⑥ 特別な社会的状況は，相続税法改正や相続税増税等の政治的な動きにより，相続支援事業の展開に対する優位性は高いと判断されます。

一方，今度は適社度の方を見ていきます（※佐藤の企業をベースに相続支援事業を検討した当初の状況を小具が解釈して評価しました）。

① 資金力は，スタートアップ時は豊富な資金力はありませんでしたが，アーリーステージは，特に人的資本での代替が可能な状態でした。

② 現有マーケティング力については，前職の経験やノウハウがあったため，多額の費用をかけることなく，ノウハウや人的ネットワークを活用する等の効果的なマーケティングが展開できると考えていました。

そして ③ 現有製造力は，② と同様，前職の経験により相続対策や相続手続きのメニューについて把握していたことに加えて，運営ノウハウや人材（自身）がそのまま活用できることが分かっていました。

④ 現有技術力は，これも前職の経験とノウハウにより，必要とされる相続コンサルタントのスキルを事前に持ち得ていました。既にコンサルタントとしてのコアスキルである顧客ニーズに合わせて提案できる提案力や案件化するための調整力等を有していました。

⑤ 原材料入手力は，従業員は少数精鋭で，相続支援事業のノウハウを持つ人材や業務を遂行していくための士業ネットワークは十分に確保できていました。事業の性質上，自身で数十名の顧客対応が可能なのですが，逆に規模拡大はボトルネックになることを想定していました。

　そして最後の⑥事業推進力は，何といっても自身が経営トップであり，強力な専任事業推進者であるため，相続支援事業を立ち上げることに全く問題はありませんでした。

　既にお気づきの方がいらっしゃると思いますが，相続支援事業に関する魅力度の評価については，相続支援事業をめぐる外部環境の動きであるため，どの企業が評価しても不変のものとなります。

　しかしながら適社度は，内部資源の動き，つまりそれぞれの企業や自身のおかれている状況によって変わってきます。その対象に固有の評価となります。このため，自身が相続支援企業を立ち上げたい，ないしは新規事業として相続支援事業を展開したいと考えている読者がこれを実施する際には，適社度部分の評価により市場参入すべきか否かが決定することになります。

注 ─────────────

1 ）2009年にアレックス・オスターワルダーとイヴ・ピニュールにより開発されたフレームワークであり，ビジネスモデルを①CS（顧客セグメント），②VP（価値提案），③CH（チャネル），④CR（顧客との約束），⑤RS（収益の流れ），⑥KR（主なリソース），⑦KA（主な活動），⑧KP（キーパートナー），⑨CS（コスト構造）という 9 つからなる構成要素に分けたものです。これらの要素に沿って検討していくことにより，効果的なビジネスモデルを検討することができます。

2 ）宮本（2015）

第7章　マーケティング戦略の策定

1．リサーチと STP の策定

　マーケティングとは，「売れる仕組み」のことをいいます。この売れる仕組みを作ることを「マーケティング戦略を策定する」といいます。通常は以下のようなプロセスで進められます（図表7-1）。

図表7-1　マーケティング戦略策定プロセス

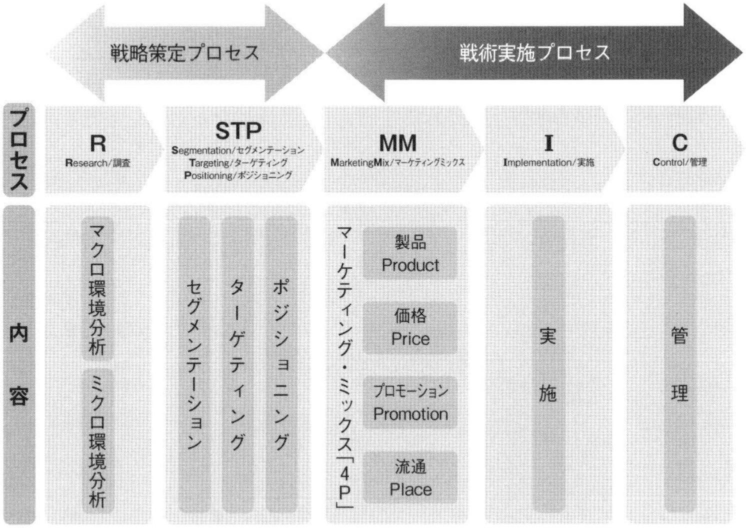

出所：筆者作成

(1)　リサーチ：調査

　マーケティング戦略策定におけるリサーチ（調査）のプロセスは，大きくは「マクロ環境分析」と「ミクロ環境分析」とに分かれますが，マクロ環境分析

で実施するのは，第３章の１．事業環境の分析の(1)外部環境分析の①で触れた
PEST 分析がこれに該当します。そしてミクロ環境分析は，外部環境分析と内
部資源分析に分類され，外部環境分析では同様に②で触れた市場動向分析や③
の顧客動向分析，そして④の競合動向分析（ファイブ・フォース分析等），(2)
内部資源分析では①の VRIO 分析や②バリューチェーン分析がこれに該当し
ます。つまりマーケティング戦略を策定する場合も同様に，事業環境の分析・
把握を行うことから開始することが重要になります。またリサーチには，顧客
（Customer）・競合（Competitor）・自社（Company）の３つの対象を分析す
る３Ｃ分析といわれる手法もあります。この場合は，顧客と競合が外部環境分
析，自社が内部資源分析に該当します。

　企業のマーケティング活動をうまく機能させるカギは，購買プロセスにあり
ます。顧客（ターゲット）が購買する時の態度や行動を把握しておく必要があ
るのです。こうした消費者の動きを把握するための手法をマーケティング・リ
サーチといいます。

　マーケティング・リサーチを実施する際に有効となるのは，図表７‐２に示

図表７‐２　購買意思決定モデル（BME モデル）

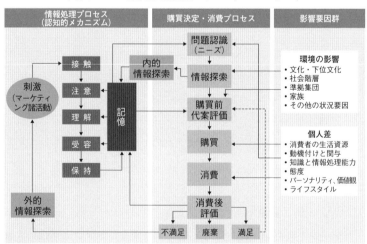

出所：青木他（2012）

した購買意思決定モデル（BMEモデル）です。これは，消費者の購買行動の
パターンが定義されたもので，この枠組みに沿った分析により，マーケティン
グ上の機会と課題を発見します。同時にマーケティング戦略の立案やその戦略
の効果測定等をする際に役立ちます。

　消費者が購買を決定する購買意思決定プロセスは，通常，商品・サービスを
購入する前の「購買前活動」，購入すべきブランドを決定するための選択肢を
踏まえて選択・購入が行われる「購買時活動」，そして購入後の商品・サービ
スの利用や処分を含む事後評価が行われる「購買後活動」の3つに分けられま
す。

　またこの購買意思決定モデルにおいて，人が購買を決定する際には，外的な
環境要因と個人差という2つの影響要因があるといわれています。こうした影
響要因を分析するに当たっては，ライフサイクル，ライフスタイル，ライフ
コースという3つの段階によるアプローチがあります。このような枠組みによ
り，特に相続支援事業がこのライフサイクル上，ライフスタイル上，ライフ
コース上のどの段階の事業となるのかということを認識した上で，購買意思決
定を導くことが重要です。

　相続支援事業で考えてみると，遺言書や節税モデル等にかかわらず，購買意
思決定のパターンは不変であるといえます。逆にこのモデルを適用して，顧客
の動きを押さえて，態度・行動の段階でどのようなことが求められるかという
ことを把握しておくことが極めて重要となります。これをきちんとやっておか
ないと，顧客は意思決定することができません。つまり提案自体が作れないと
いうことになります。

　また購買意思決定において最も重要なのは，誰が最終的な意思決定に関与し
ている人物かということを明確に把握するということです。この購買における
意思決定関与者のことをDMU（Decision Making Unit）といいます。相続事
案に関してもフロントは相続人である夫であっても，その妻が最終的な決定に
大きく関与しているといったケース，被相続人の配偶者ではなく，子供や孫が
DMUであるケース，または複数人が同時に関与するケース等が多々あります。

これは後のコミュニケーション戦略や営業戦略の動きをも左右する重要な事項となるため，細心の注意が必要です。最初の段階で，誰がDMUかということを明確に捉えておく必要があるでしょう。

(2)　セグメンテーション：市場の細分化

マーケティング戦略を策定する最初のステップは，S（Segmentation：セグメンテーション）です。セグメンテーションとは，マーケティング活動を実施していく際に，市場にいる顧客をある特定の属性やニーズを持つ固まりに分類することであり，「市場の細分化」と表現されます。

これを分類するための基準となる変数としては，顧客特性と消費者行動特性という2つの特性でまとめられた変数を用いるのが一般的です。顧客特性に属する変数としては，主に地理的変数（ジオグラフィック変数）や人口動態変数（デモグラフィック変数），心理的変数（サイコグラフィック変数）の3つがあります。

地理的変数として代表的なものは，国や地域（北海道・東北地方，北陸地方，中部地方，関東地方，近畿地方，中国・四国地方，九州・沖縄地方など），都市の規模，気候などがあります。

人口動態変数とは，年齢・性別・職業・所得・学歴・家族構成などです。そして心理的変数とは，ライフスタイルや個人の性格などがこれに該当します。

また消費者特性に属する変数には，主に行動的変数（ビヘイビアル属性）があります。つまり顧客の行動をベースとする変数であり，具体的には顧客の購買段階（AISAS[1]などにより購買行動モデルとして定義されている段階）や使用頻度，ロイヤルティの状況などの変数がこれに該当します。

相続支援事業をはじめるに際しては，まずどこで開業するかを考えます。例えば切り口として，図表7-3のような基準が想定されたとしましょう。

図表7-3　相続支援事業開業エリアの基準

• 世界基準（日本全体で取り組む，将来的には海外も視野に入れる）
• 都道府県基準（東京都，埼玉県，神奈川県など）
• 市区町村基準（さいたま市，中央区，大泉町など）
• エリアミックス（例えば東京都区3区／市区3市区／1都3県等）

出所：筆者作成

　ここで事前に分かっていることは，東京都内，特に23区は相続支援事業の競争状態が厳しくなってきているということです。前述したように市場がこの状態のことをレッド・オーシャンといいます。それぞれの相続に関するプレーヤーのシェアはまだ大きくはありませんが，筆者（佐藤）は競争戦略上23区内で起業するのは忌避していました。

　また中央区やさいたま市など，逆にエリアを絞って営業活動を行うことも検討しました。結果として中長期的な視点から地場のエリアを選択しましたが，規模の拡大を目指さないのであれば，狭小エリアでの営業活動も間違ってはいなかったのかも知れません。相続支援事業では，顧客分類の切り口としては，地理的変数と人口動態変数は，重要な基準となります。

(3)　ターゲティング：標的市場の選定

　T（Targeting：ターゲティング）のターゲティングとは，マーケティング活動を実施する際に，セグメンテーション（市場細分化）された，同質のニーズを持つ顧客の固まりの中から，実際にマーケティングを展開していくターゲット顧客を選定することであり，「標的市場の選定」と表現されます。(2)のセグメンテーションとターゲティングは，下図のようなイメージとなります（図表7-4）。

図表 7-4　S（セグメンテーション）とT（ターゲティング）

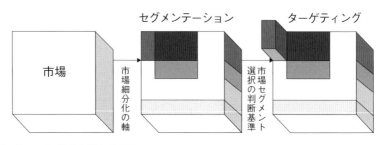

出所：グロービス経営大学院（2019）

　ターゲティングする際の基準で重要になるのは，①市場規模の大きさ，②自社の強みの有無，③プロダクト・ライフサイクルの段階（早期展開による売上・利益の獲得），④技術進化の段階（技術進化に伴う新用途市場の獲得），⑤参入障壁の有無（特定のノウハウや経営資源，許認可の必要性など参入障壁は業界により異なる），⑥競合の戦略（既に競合が市場で地位を独占している場合，市場の魅力度は低減します。競合の優位性が低い領域で差別化することができれば，新たな地位を獲得する可能性が広がります），⑦環境要因（法律による政府の規制は決して逃げられず，企業に重く負担を課すことになります）です。ターゲティングのパターンには，顧客を分類せず，全ての顧客を対象とする①無差別型，顧客を分類し同時に対象とする②差別型，そして少ない経営資源を有効に選択・集中するために，分類した顧客の特定のセグメントを対象とする③集中型の3つがあります。

　ターゲティングのメリットは，顧客ニーズを満たす製品・サービスの設計方針が分かるという点，またどの程度嗜好に合わせれば良いかが明らかになる点などです。デメリットは，ターゲット以外には，製品・サービスが魅力のないものとなってしまう点などが挙げられます。

　このようにして市場を決めたら，次はその市場内におけるどの顧客層に対して，自分たちの製品・サービスを提供するかという点を検討することが重要になります。筆者（佐藤）が起業した当時は，ターゲット層を図表7-5のよう

な切り口で考えていました。

　相続支援事業は，「相続手続き」という業務内容だけを取り上げて考えれば，資産規模に関係なく手続きが発生します。一方で「事業」という観点から考えると，利益創出のためには資産規模の大きな顧客の方が，節税効果も高く双方のメリットがあるため，「不動産を含む資産規模1億円以上の富裕層」をメインターゲットとするといった絞り込みが考えられます。

図表7-5　相続支援事業の想定ターゲット層

〈地域〉
　埼玉県内全域
〈年齢〉
　40歳以上
〈性別〉
　男性／女性
〈資産〉
　①～5,000万円未満，②5,000万円以上～1億円未満，③1億円以上～3億円未満，④3億円以上～5億円未満　未満，⑤5億円以上～10億円未満，⑥10億円以上
〈職業〉
　地主／中小企業経営者など

出所：筆者作成

(4)　ポジショニング：立ち位置の明確化

　P（Positioning）のポジショニングとは，マーケティング活動を実施していく際に，ターゲティングにより選定されたターゲットに対して，差別化された独自の価値を検討・提供し，顧客の頭の中に当該価値を刷り込むことです。顧客の頭の中に自社の製品・サービスの立ち位置を唯一のものとして位置付けてもらい，そのイメージをつくり出すための活動となります。「立ち位置の明確化」とも表現されます。ポジショニングを検討するときは，顧客の視点で考えることが最大のポイントです。ポジショニングには，主として①ターゲット顧客が重視し，購入する決め手となる購買決定要因を基に，競合（ライバル）の製品・サービスといかに差別化できるかを検討する方法，②製品・サービスの

提供価値を軸にして2次元のポジショニング・マップを描きながら，有効なポジションを視覚的に探す方法の2つがあります。

　特にマップを描く場合は，図表7-6のようにターゲット顧客が重視する独立した提供価値の軸を2つ抽出し，組み合わせることで作成します。比較的，「志向性」と「価格帯」等がこの軸となることが多くあります。この志向性とは，主に顧客が重視するポイントであり，例えば対極的なものとして，デザイン性を重視しているのか，あるいは機能性を重視しているのかという点です。価格帯は，その製品・サービスの提供価格が高価格なのか低価格なのかという価値尺度です。

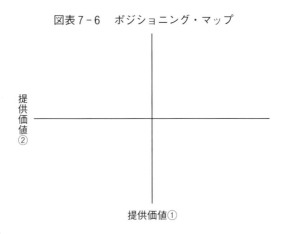

図表7-6　ポジショニング・マップ

出所：筆者作成

　例えば図表7-7でファッション業界におけるポジショニング・マップを見てみましょう。「高価格でかつ高デザイン性」を提供しているのは，グッチやシャネル，ルイ・ヴィトン，バーバリー等のいわゆる「高級ブランド」となります。

　そして同じ「高価格帯でも高機能性」を提供しているのは，ザ・ノース・フェイスやパタゴニア，モンベル，カナダグースなどの「アウトドア・ブランド」が該当するでしょう。

図表 7 - 7　ファッション業界のポジショニング・マップ

出所：筆者作成

　また低価格帯でデザイン性を提供しているのは，ユニクロや無印良品，GU，ZARA 等の「ファストファッション・ブランド」です。そしてこれまでにはなかった，非常に低価格で高い機能性を提供しているのは，最近注目を浴びているワークマンプラスなどのブランドとなります。

　このようにファッション業界は，それぞれのブランドが，志向性と価格帯によって棲み分けられていることが分かります。

　ポジショニングを成功させるためには，先ほどのターゲティングの基準と同様に①ターゲット顧客の規模が適切なものであること（売上・利益が十分に確保できる市場であること），②売り手が伝えたいことが顧客に正確に伝わること，③売り手の考えるポジショニングに顧客が共感すること，④売り手である企業と製品とのポジショニングに整合性があることが必要とされます。技術的側面としては，提供価値の軸の取り方（視点）と軸の決め方（選択基準）が重要となります。

　司法書士に関するポジショニング・マップは，概ね下図のようになっていることが想定されます。この中で相続支援事業を展開している司法書士は，右上の象限にプロットされます（図表 7 - 8）。

　具体的に S（Segmentation），T（Targeting），P（Positioning）を検討す

るイメージとしては，まずはセグメンテーションとターゲティングから考えていくことから始めます。そこで近隣エリア（例えば「埼玉県」等）の富裕層に的を絞ります。その際に，顧客からどのように自身を認識していただくことにより，持続的に競争優位なポジションを築けるのかということを十分に検討します。これがポジショニングを考えるということになります。以上の視点から，自身のSTPについて考えてみてください。

図表7-8　司法書士のポジショニング・マップ

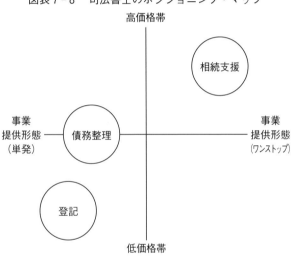

出所：筆者作成

職業ケース ②　　司法書士

「相続支援事業における司法書士としてのポジショニングの重要性」
自己紹介
　司法書士・三浦美樹（司法書士法人東京さくら代表，一般社団法人日本承継寄付協会代表理事）
　2011年相続専門のチェスター司法書士事務所を開設，2017年に事務所名をさく

ら本郷司法書士事務所に変更後，2020年司法書士法人東京さくらとして法人化。生前の相続支援業務を中心にそれぞれの目的にあった伴奏型相続支援業務を展開。2007年司法書士試験合格。静岡県出身。

1．司法書士の主たる業務内容と差別化について

　司法書士の主な業務は，不動産登記，法人登記等の登記業務が割合としては多く，その他成年後見，財産管理業務等があります。不動産登記や商業登記は，すでに契約されている内容や，会社で変更された内容を第三者へ対抗するために権利関係などを社会に公示するための制度です。したがって，司法書士によって登記の結果が異なるということはなく，複雑なものを除き，司法書士の力量によって法務局の審査が通るか通らないか決まってくるものでもないため，差別化がとても難しい業務ともいえます。

　それでは，どのプロセスで差別化が図れるのでしょうか。答えは，報酬金額とサービス力ということになります。報酬金額については，自由設定のため，差別化が図れます。サービスについては，満足度の高い対応ができるかどうかにかかっているといえますが，既存の不動産登記や商業登記においては，不動産業者や税理士の方のような仲介者が入ることが多く，顧客との関わりが少ない中で満足度の高いサービスを提供するのは，実際には難しいことがあります。

　また，登記業務は業務量や責任から考えると決して高額な報酬設定ではない事務所が多いため，一つひとつの不動産手続きにサービスを注力してしまうと，業務が回らなくなる恐れもあります。このように，司法書士事務所の主業務である不動産登記は，競争環境も厳しく差別化も図れず，今後においては有望な状況がなかなか見出せない状況にあります。

　そこで，先進的な戦略をとる司法書士はサービスの差別化が取りやすい業務，司法書士が自ら窓口になりやすい業務として相続支援業務に目を向け始めました。

2．最後に相談する登記手続き業務から，最初に相談される相続業　務へ

　今までの司法書士事務所が，登記業務を受注するルートといえば，不動産登記であれば不動産業者から，商業登記であれば税理士事務所からというように，顧客から直接の相談ではなく，紹介者から手続きだけを任せられるケースが多かった

といえます。しかし，相続支援業務は司法書士が窓口になりうる業務であり，サービスでの差別化が図りやすい業務といえます。司法書士が窓口になりやすい業務といえるのは，相続が発生した際に相続税の発生する人は全体の数パーセントですが，相続登記は多くの方が必要となるケースが多く，司法書士に相談しないといけない状況であるためです。したがって，今までは税理士事務所や弁護士事務所，不動産会社から紹介を受けて仕事をしていた司法書士も，相続支援業務においては，司法書士事務所が窓口になって仕事を受注し，各士業に相続税申告や紛争処理，不動産売却などを依頼する仕事ができるため，最後の登記手続き業務から，最初に相談される相談業務へ，ポジションをとることができ，顧客との交流が図りやすくなります。

　また，窓口になりやすいということは，それだけ顧客とコミュニケーションをとれる機会があるということであり，信頼関係の構築や知人への紹介を受けることができます。さらに，相続という人間の機微に触れる業務で，顧客の心に寄り添って業務を行うことにより，「あなたに依頼してよかった」といってもらえる存在になることも多いです。サービスの差別化が図れるだけでなく，働く従業員のモチベーションアップにもつながり，役に立てるやりがいのある仕事として採用活動もしやすくなるというメリットもあります。

　しかし，相談に来た相続登記の依頼をただ言われたとおりに処理しただけの場合や，紹介された相続手続きを行うだけでは，サービスの差別化や顧客の心を動かすことはできません。では，司法書士が今後取り組むべき相続支援業務とは，どういった業務なのでしょうか。

3．対話の中で見つけていく顧客の目的

　生前に行う相続支援業務というと，遺言や生前贈与，民事信託や任意後見といった業務が考えられます。これらの業務を主業務として扱う司法書士は，生前業務において顧客から相談があった際，理由も深く聞かずに生前贈与の手続きをしたり，言われたとおりの内容で遺言を作成する，または，生前対策の相談があった際，民事信託は報酬が高いから，任意後見の手続きをすれば簡単だからという理由で，手続きありきでの提案をするのであれば，正直，その手続き業務がわかれば誰でもできる差別化がしにくい業務といえます。

　顧客の立場に立たずに，一般的によいといわれる方法や，自身の売上につなが

る提案をする専門家がまだまだ相続業界には多いように感じますが，いかに自分が当事者となり，自分が顧客と同じ考えを持っていたとすれば，どの方法をとるのだろうかと徹底的に考えることが，この業務には不可欠な工程です。

　不動産業者が不動産の売買が売上につながるように，司法書士も手続きで報酬をいただくので，登記の提案をしたり民事信託を提案するのはわかりますが，顧客からすると商売になるから民事信託や遺言の提案をしていると思われる可能性もあります。顧客の本当の目的を考えたときに，顧客が最初に希望していた内容や専門家が最初に提案したい内容は，必ずしも最適な相続対策ではない可能性があります。この手続きが儲かるとか，私の仕事になるのはこの方法だからといった考えは捨てて提案することによって初めてコンサルティングの価値が出るからです。

　私が思う相続支援業務とは，それぞれの家庭にあった相続対策，つまり人によって違う「あなたにとっての最適な承継方法」を一緒に探していくことだと考えています。それには，民事信託や遺言や生前贈与などのゴールとなる手続きがあって，そこに当てはめて提案するのではなく，まずは徹底的にヒアリングをして，顧客が何を大切にしたいかを探し出し，当事者の立場にたって一緒に考えることが必要です。

　相続支援業務は，Ａ司法書士とＢ司法書士に相談にいった結果の答えが一つではなく，何が本当に正解かが誰にとってもわかりにくい業務といえます。だからこそ，私にとってのベストを一緒に探してもらえたという，プラン決定までのプロセスがとても大事です。

４．これからの司法書士の相続支援業務について

　それでは，司法書士は相続支援業務においてどのようなポジションで業務を行うことが可能でしょうか。例えば，遺言書作成には経験とコミュニケーション能力が必要といわれています。民法や登記法の知識は言うまでもなく必要不可欠ですが，不動産や税務知識も必要です。また，顧客が相続財産で社会貢献をしたいといった希望があった場合に，遺贈寄付についての知識も必要になります。これらの知識や経験も汲んで遺言書を作成しなければ長期的にみて欠陥の出てくる内容になってしまう可能性もあります。

　司法書士が相続の窓口になったからには，あなたに任せておけばすべてが大丈

夫といわれる存在にならなければなりません。相続手続きの段取りの確認から相続登記の受任，その後の顧客のフォローアップまで対応する必要があります。相続手続きにおいては，司法書士は不動産を所有するすべての顧客に関わる可能性があります。今後については，不動産を所有していない顧客においても成年後見や財産管理業務でサポートさせていただくことになるでしょう。そのようななか，フロントに立っていく可能性が高い司法書士には，より高いコンサルティング能力と，関連業務に関する知識が必要になります。

　登記業務は司法書士としての試験勉強をして，ある程度実務をつめば誰でも対応できます。相続支援業務は，相続に関する調査，現状分析，さらにはノウハウの提供という業務のため，登記に関する知識があるのは大前提です。コミュニケーション能力，分析のための情報のヒアリング能力も必要になるでしょう。ヒアリングのタイミングも大事です。慣れていないと最初のヒアリングで何を聞き出してよいのかさえわからないのですが，相続手続きを多く経験する中で，ヒアリングすべきこともわかるようになってくるでしょう。ヒアリング事項が，定型化でき，あらかじめ決まっているのが手続き業務といわれるものです。マニュアルがあれば聞き漏らすことはありませんが，ヒアリング事項が決まっていないのがコンサルティング業務であり，顧客の事情に応じてヒアリング内容が変わってくることへの対応はどの司法書士でもできることではありません。

5．最初のヒアリングで，いかに顧客の課題を見つけ出せるか

　顧客からの相談内容に基づき登記，生前贈与，遺言，民事信託等の手続きを提案するだけなら誰でもできるでしょう。しかしここで冷静になる必要があります。そもそもなぜその手続きが必要なのか。今後は目の前のクライアントにとって本当に必要なのか，顧客の課題の解決方法としてベストであることをチームで検討して提案することが大切です。

　顧客の抱えているぼんやりとした問題意識から，的確なヒアリングをして，今後実際に何が起こる可能性があり，そのためにどんな準備ができるかが提案できてはじめて相続支援事業者としてのプロフェッショナルなサポートといえます。そのためには，普段の何気ない会話の中からもより多くの情報を聞き出すスキルも重要となります。

6．相続は，顧客が大事にしているものによって，答えが違う

　相続税を節税したいのか，家族の絆を大事にしたいのか，資産（マイナスも含めて）を引き継いでほしいのかなど，顧客の本当の目的を聞き出せるかどうかで最終的な満足度が違ってくるでしょう。

　「そうなんだよ，いろんなところに相談したけど，本当はそういってほしかったんだ」そんな言葉をもらえる瞬間に，顧客の満足に一歩近づけたと感じるはずです。

　顧客にとってはよく分からない分野だからこそ，目の前の顧客が納得できる言葉で伝え，思っていたことと違う問題や誤解をなくさないと，のちに大きなトラブルにつながることもあります。士業が思っている当たり前と，顧客の期待には乖離があることも念頭に説明もしなければなりません。

7．相続支援業務を進める際のパートナーシップについて

　相続支援業務を進める上で欠かせないのが，業務に関係する専門家とパートナーシップを結び，一つのチームとして目の前の顧客にとっての最適な相続を考えることです。ここで重要なのは，パートナーシップを結ぶ専門家をどう選ぶかです。つい自分と気が合う仲の良い専門家や，所属する交流会のメンバーとチームを組んで相続支援業務をしてしまいがちです。もちろん，専門家との出会いは，そういった交流会やセミナー等から始まることもあると思います。気が合わない人と仕事をして連携は難しいことを考えると，仲の良い専門家であることもより深い連携で顧客にとって最高のサービスをする上では大事だと思います。ただし，仲の良い専門家や，コミュニケーション能力に長けている専門家が相続のプロフェッショナルとは限りません。

　コミュニケーション能力と実務経験によって，顧客に安心感と信頼感，さらには結果を出せる人とパートナーシップを組むことによって，自身の相続支援業務のクオリティが格段とあがります。その結果，顧客から素晴らしい専門家を紹介してくれてありがとうと言われ，自分だけではなくチーム全体のモチベーションが向上するでしょう。

　私は，できれば尊敬しあえる専門家同士で仕事ができることが，目の前の顧客にとっても最高だと思います。目の前の顧客に最高の専門家を紹介している自身で感じていることは，顧客にも伝わりますし，パートナーシップ関係（共通の目

的に向かって協力しあう）を結び，一つのチームとして目の前の顧客にとっての最適な相続を考えることがひいては全体最適につながると信じて業務に取り組んでいます。

8．関連業務をやってくれる一人ひとりの力量がとても大事

　チームメンバー一人の失敗は自分の失敗にもなるので，誰と組むかは最大限に注意が必要です。気が合う，仕事がしやすいということはもちろん大事ですが，スキルがどれだけあるか，顧客の要望を把握できる人かどうかの見極めは重要です。残念ですが一人でも業務をこなせない人がいると，チーム全体の提案力が落ちます。

　話はよくきいてくれるけど，結果として税金がかかってしまった，頑張って対応しているものの空回りで手続きがさらに複雑になってしまうなどということになると，顧客の窓口となっている紹介者としての責任が生まれてしまいます。相続支援事業におけるまとめ役は，チーム全体のコーディネートも含めての相続支援業務となります。

　顧客は縦割りで見てはくれません。チームを一つとして見ています。この点は相続支援事業において窓口となる司法書士も忘れてはならないことだと思っています。

9．司法書士として取り組むべき今後の支援業務とは

　今までの司法書士業務は，事実行為に基づく事後対応で決まった手続きをするものが主となっていました。今後は専門家の知見を使って，事前に対策のプランニングをすることが大切になってくるでしょう。さらにAI化の中で生き残っていくためには，対話能力を高め，伴走型で今後のプランニングをしていくことが必要となります。

　AI化で，定型化された仕事，ひな形があるもの，ヒアリングを含めマニュアルが作れる手続き業務は価値のないものになっていくと思われます。そのような中で，コミュニケーション能力や，顧客に安心感をもってもらうこと，さらには数ある選択肢の中から顧客にベストなものを一緒に選んでいくことが市場から求められています。

　さらに私は遺贈寄付などで顧客の人生を輝かせるお手伝いができるのも，士業

ならではの社会貢献であり，より顧客に喜ばれるサービスだと感じています。「おひとりさま」の増加や時代の流れからしても，今後ますます需要があるでしょう。

　単発の支援ではなく，次世代まで財産を管理しながら寄り添い，顧客のよりよい未来を一緒につくる伴走者になることさらには「想いの承継」までお手伝いできることが，今後の司法書士の進む道と思っています。今後AI化で今までの士業の価値が失われていくとしても，財産管理や想いの承継の伴走者としてより良い人生，承継のお手伝い，さらには顧客の社会貢献に寄与できれば，司法書士としての付加価値は今まで以上に高いものになることも可能です。

2．7Pの策定

　すべての製品・サービスには，必ず図表7-9に示すようなプロダクト・ライフサイクル（製品寿命）があります。通常，製品・サービスの「導入期」では顧客も競争事業者も少なく，コストも高くなり利益が出ない状態となりがちですが，ここでは新市場を創造することが目的となります。

　また「成長期」はまさに文字通りで，製品・サービスが導入期を通して浸透し始め，売上は急激に増加していきます。また同時に競合製品・サービスが多く出てくることになるため，差別化を図る必要があります。

　「成熟期」はまさに製品・サービスが熟し，市場の成長は鈍化していきます。競争事業者等も固定化し，業界構造も固まってきます（いわゆる少数の企業により，多くのシェアが獲得されている状態となります）。

　そして最後に製品・サービスは「衰退期」を迎え，顧客が減少することにより売上・利益は減少，競争事業者も次第に市場から退出し減少していきます。

　相続支援業界は現在，人口動態から考えると「導入期」から「成長期」へ入ろうとするところに位置付いています。相続支援事業としては，ポジショニング・マップのところで詳述したように，現在では，従来型の相続支援サービス（遺言書や遺産分割協議書の作成や相続税の申告業務等のサービス）から，相

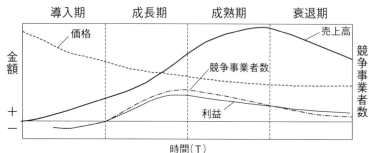

図表7-9　プロダクト・ライフサイクル

市場の特徴

顧客	少数の革新者	初期採用者	大衆	地帯者
競争	ほとんどなし	増加	努力安定, 競合は徐々に減少	減少
売上	需要量は少なく, ゆっくり伸びる	需要は急速に拡大	緩慢な上昇ないし 横這い	需要は減少
コスト	顧客当たりコスト は高い	顧客当たりコスト は平均的レベル	低コスト	低コスト
利益	利益は出ない （赤字）	利益は増加	高利益	低下

出所：Porter, M.E.（1985＝1985）

続対策としての不動産売買や信託，不動産資産のリノベーション等を伴う収益性を向上させる製品・サービスも開発されてきています。

　製品・サービスの開発では，特に4P（マーケティング・ミックス）と呼ばれる戦術部分の策定が重要となります。4Pとは，Product（製品・サービス），Price（価格），Place（流通），Promotion（販売促進）という4つの領域を指します。それぞれの頭文字がPであることから4Pと呼ばれています。これらを組み合わせて計画・実施していくことをマーケティング・ミックスといいます。

　まず最初のPであるProduct（製品・サービス）は「どのような製品・サービスを開発するか」，そしてPrice（価格）は「どれくらいの価格に設定するか」，またPlace（流通）は「どのような手段で，どこで販売するか」，最後にPromotion（販売促進）は「どのようなプロモーション（宣伝・広告）により，

製品・サービスの価値を伝えるか」といった視点により策定されます。

　前述のSTPがマーケティング活動における戦略であるならば，4Pはマーケティング活動における具体的な戦術という位置付けとなります。このSTP（Segmentation, Targeting, Positioning）という戦略部分，すなわち必ず同質で満たされないニーズを持つ顧客を細分化するセグメンテーション（市場細分化），その中から特定の顧客をターゲットとして設定するターゲティング

図表7-10　サービスの検討フレーム

P	Product（サービス商品）	■サービス品質 ■サブ・サービス ■パッケージ ■プロダクト・ライン ■ブランディング
P	Place（場所）	■立地 ■チャネル・タイプ ■生産・販売拠点 ■交通 ■チャネル管理
P	Promotion（販売促進）	■プロモーション・ブレンド ■販売員 ■広告 ■セールス・プロモーション ■パブリシティ
P	Price（価格）	■価格水準 ■期間 ■差別化 ■割引 ■価格幅
P	People（人材）	■従業員 　雇用・訓練・動機付け・報酬 ■顧客 　教育・訓練 ■企業文化・価値観 ■従業員調査
P	Physical evidence（物的環境要素）	■施設デザイン 　美的・機能・快適性 ■備品・道具 ■サイン ■従業員の服装 ■他の有形物 　レポート・カード・パンフ
P	Process（提供過程）	■活動のフロー 　標準化・顧客化 ■手順の数 　単純・複雑 ■顧客参加の程度

出所：Lovelock & Lauren（1999＝2002）

（標的市場の選定），左記のターゲットに対して，差別化された価値を提供するための立ち位置を決定するポジショニング（提供価値の決定）を定義してから策定する必要があります。これは当該の戦略部分によって，４Ｐが異なるからです。

　上記の４Ｐは，一般的な製品・サービスに関する売れる仕組みをつくるための方法ですが，特に相続支援事業のようなサービスの売れる仕組みをつくるためには，サービス・マーケティングのフレームワークを用います。４Ｐに対して，さらに People（人材），Physical evidence（物的環境要素），Process（提供過程）の３Ｐを加えたフレームワークとなります（図表7-10）。

(1)　製品・サービス

　図表7-11に示したように，４Ｐのうち Product（製品・サービス）については，製品コンセプト，コア，ブランド，パッケージ，製品ミックスを検討することにより決定します。

　まず「製品コンセプト」は，「誰が（対象）」「いつどこで使う（シーン）」「何を提供するのか（提供価値）」を検討し明らかにするための要素です。そして「コア」とは，顧客に提供する基本的な価値や便益を検討する要素です。「ブランド」は，実際の製品としての特徴（実際の製品としての名称，デザイン，シンボル）を検討します。「パッケージ」は，製品としての特徴（形状・素材・色・サイズ等）を検討します。

　そして「製品ミックス」は，提供する製品の幅（製品ラインの数），長さ（製品ラインのアイテム数），深さ（サイズや色，味等）の３つの視点から検討していきます。

　相続支援事業では，相続対策（生前）から相続手続き（死後）までをフルサポートする体制（遺言，相続手続き，財産診断，不動産売買，成年後見手続き，土地活用，遺言信託手続き，生前贈与，保険，事業継承，相続税申告，遺産分割，相続登記，遺品整理，相続放棄，預貯金の相続，相続した不動産の処分・有効活用，相続人の調査・確定等のサポート）が，一貫した製品・サービスと

なります。

　また同時に生前対策（不動産売買や土地活用を行う不動産業者・住宅メーカーなど），ライフプランニング（FP），遺言など（行政書士，司法書士，弁護士）であったり，死後となると相続税申告（税理士）や相続紛争（弁護士）というように，分業する体制が一般的です。

　一方で顧客のニーズを調べてみると，現在では一つの窓口ですべての相続対応が可能な，相続のフルサポートおよびワンストップ・サービスが期待されています。士業のコングロマリット化も出てきていることから，この流れは，今後より具体性が出てくるものと思われます。相続支援事業の一部は，外部流出

図表7-11　製品・サービス

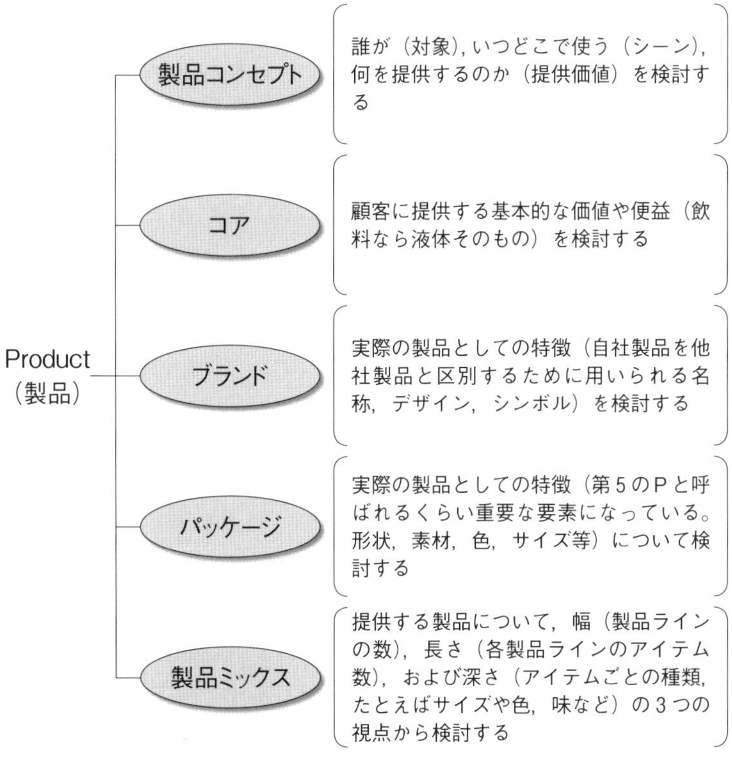

出所：Kotler, P.（2000＝2001）を基に筆者作成

のない事業であるという特徴があります。

　このような自社の事業や製品・サービスを設計する際の重要な考え方として，「オープン＆クローズ戦略」という考え方があります。オープン＆クローズ戦略とは，主に製造業を対象とした考え方であり，「知的財産のうち，どの部分を秘匿ないしは特許などによる独占的排他権を実施（クローズ化）し，どの部分を他社に公開またはライセンスするか（オープン化）を自社の利益拡大のために検討・選択することである」と定義されています（経済産業省・厚生労働省・文部科学省編，2013，p.107）。

　もっと分かりやすくいえば，対外的に秘密にするクローズ領域と公開するオープン領域とを相互に関連させて結び付けることにより，自社の得意な領域を普及させて，新たな市場を創造・拡大するという考え方です。

　主に経営資源の観点から，自社の事業化に要するコア技術やノウハウ，そしてこれを駆使して開発・提供される製品・サービス等のコア領域を守りつつ，他社と繋がる非コア領域をオープン化して市場創造・拡大するのと同時に，自社の利益の独占を可能にするという概念となります（図表7-12）。

　相続支援事業において製品・サービスを設計する際にも，この考え方は多く

図表7-12　オープン＆クローズ戦略の概要

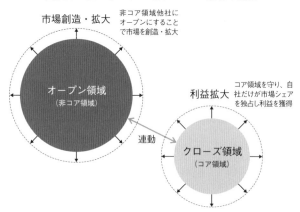

出所：筆者作成

の示唆を与えてくれます。相続支援事業においてのクローズ領域というものは，実はこの事業を展開する人自身のパーソナリティの部分が，これに該当するのではないかと思うのです。これをEQ[2]といいます。それぞれの人の持つオープン領域とクローズ領域で定義され，これが事業を遂行していく上で上手くオペレーションされた時に，その効果を最大限に発揮できているという状態になるということです。

　まずは人としての基本的な基盤，つまりEQが構築されている上で，コア技術であるクローズ領域，そしてこれを拡大するためのオープン領域を設計すべきなのです。

(2)　価　格

　製品やサービスの価格は，実際どのように決められているのでしょうか。新製品・サービスを導入する場合には，図表7-13に示した「上澄み吸収」と「市場浸透」という2つの戦略方向があります。

　これはポジショニングとも密接に関係します。「上澄み吸収」とは，高価格に設定し，短期間に大きな利益を上げて（上澄み部分を吸収して），いち早く開発コストを回収することを目標に行われる方法です。自社のブランド・イメージが強く，競合が模倣できない商品がある場合に，余裕のある顧客層をすくい取る際に採用される戦略です。

　また「市場浸透」は，導入時に低価格に設定することで短期間に大きなシェ

図表7-13　価格戦略の方向性検討フレーム

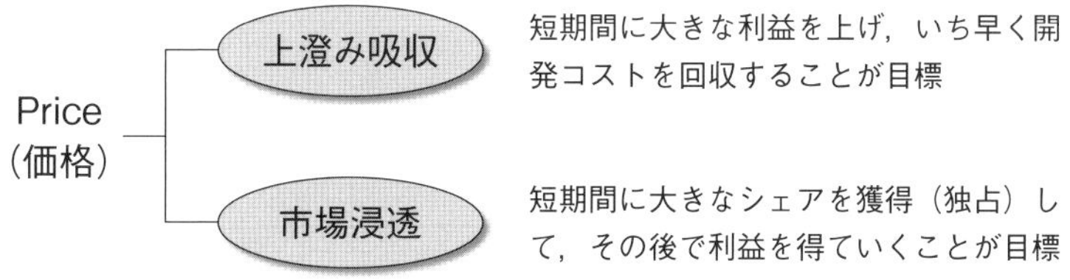

```
                 ┌─ 上澄み吸収    短期間に大きな利益を上げ，いち早く開
   Price ────────┤                発コストを回収することが目標
   （価格）       │
                 └─ 市場浸透      短期間に大きなシェアを獲得（独占）し
                                  て，その後で利益を得ていくことが目標
```

出所：筆者作成

アを獲得（独占）し，その後で利益を得ていくことを目標に行われる方法です。低価格への感度が高く，大量生産してコストが減らせる日用品の場合が有効であり，いわゆる薄利多売戦略です。

　価格を決めるときは，通常は以下の３つの視点で検討し決定致します。①は，企業サイドの要素のみを考えて検討します。商品をつくる時にかかった実際の費用に対して，利益を上乗せして価格を算出する「コストプラス法」，仕入れ原価に一定の上乗せを行う「マークアップ法」などの方法があります。

　②は，競合する商品の差がつかない場合に検討し，決定する方法です。例えばA社が牛丼を１杯320円に値下げしたので，B社がこれに対抗して280円に値下げするといったケースなどが典型的な例です。

　③は顧客の認識に合わせて，価格を決定する方法です。PSM 分析[3]やコンジョイント分析[4]等のマーケティング・リサーチにより需要を測って設定するあるいは品目にセグメンテーションによって異なる価格を設定して，顧客の心理にアピールする方法などがあります。

　実務的には，①の原価志向で価格を決定するコスト視点と③の顧客ニーズを把握することにより価格を決定する顧客価値視点での検討で決定するケースが多いように思います（図表７-14）。

図表７-14　価格の決定フレーム

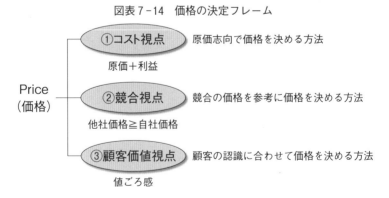

出所：筆者作成

　相続支援事業を展開するにあたり，価格設定はきわめて重要な要素となります。ターゲットが富裕層であれば，ブランド価値を考えてあえて高価格に設定することもあります。相続手続きに重きを置いた，大量販売モデルも考えられるでしょう。

　また相続支援事業の収益構造を考えると，相続相談は無料にして，そこから生じる収益が見込めるサービス（特に不動産）については，価格を上げるという戦略的な価格設定をとる方法もあります。いわゆるフリーミアム戦略[5]が通用する業界であるということです。

　相続支援事業に関しては，特に相続人と士業・相続コンサルタントとの間の情報の非対称性が高く，供給側が設定できる自由度は非常に高くなっています。

　これは医療や法律，コンサルティング，システム開発等の産業と同様の特徴があるといえます。価格設定の実際としては，特にオープン＆クローズ戦略をベースとした①収益確保が目的，②シェア（フリー）獲得を目的として設定

図表7-15　相続支援事業に係るサービス価格の設定例

○被相続人が健在な時にすること

業務内容		料金の目安（税別）
財産診断	診断料	50,000円～
遺言書作成	公正証書遺言作成手続き	100,000円～
	自筆証書遺言作成サポート	25,000円～
不動産売買	不動産売買	成約価格の3％＋6万円
	不動産賃貸	成約賃料の1か月分
	不動産コンサルティング	初回相談は1時間無料
成年後見手続き	成年後見に関する相談	5,000円／1時間
	成年後見の申立	200,000円～
	任意後見契約	月額10,000円～
土地活用	土地活用レポート作成	50,000円～
	土地活用コンサルティング	総事業費の1～3％（要相談）
	不動産の最有効活用コンサルティング	初回相談は1時間無料
生前贈与	生前贈与の相談	5,000円／1時間（初回相談は1時間無料）

生命保険		個別相談
事業承継	事業承継の相談	5,000円／1時間
	事業承継計画の策定	70,000円〜
家族信託	家族信託の相談	5,000円／1時間（初回相談は1時間無料）
	信託契約の作成	300,000円〜
生前整理		出張費無料で伺い，見積もり
相続手続き	相談	初回相談は1時間無料
その他	相談	初回相談は1時間無料

○相続が発生した時にすること

業務内容		料金の目安（税別）
相続申告	相続税申告手続き	相続税申告手続き申告額の1〜5％（個別の事案によって費用が変わるため，事前に見積もり提示）
	相談	初回相談は1時間無料
遺産分割	遺産分割の相談	5,000円／1時間
	遺産分割協議の代理	100,000円〜
相続登記	相談	初回相談は1時間無料
	相続登記手続き	不動産登記手続き個別の事案によって費用がかわるため，事前にお見積もりを提示させていただきます。
遺産整理		出張費無料で伺い，見積もり
相続放棄	相談	初回相談は1時間無料
	相続放棄手続き	30,000円〜
預貯金の相続	相談	初回相談は1時間無料
	預貯金の相続手続き	40,000円〜
相続した不動産の処分・有効活用	不動産売買	成約価格の3％＋6万円
	不動産賃貸	成約賃料の1か月分
	土地活用レポート作成	50,000円〜
	土地活用コンサルティング	総事業費の1〜3％（要相談）
自動車の相続		20,000円〜
生命保険金の請求手続き	相談	初回相談は1時間無料
	生命保険の請求手続き	40,000円〜
相続人の調査・確定	相談	相談は1時間無料
	相続人の調査・確定	30,000円〜

相続財産の調査	相談	初回相談は1時間無料
	相続財産の調査	30,000円～
相続手続きを全部任せたい		300,000円～（個別の事案によって費用が変わるため，事前に見積もり）

出所：さいたま幸せ相続相談センターホームページを基に筆者作成。https://saitama-shiawase souzoku.jp（2020年7月30日閲覧）

するといった展開が重要となります（図表7-15は実際の価格設定のケース）。

(3) 流　通

　効率的かつ効果的に顧客にデリバリーを行うために，流通戦略として立地・販売チャネルを決定します。相続支援事業では，例えば富裕層は自宅訪問を希望するケースも多いですが，車や電車を活用し来訪されることも多くあります。よって商圏にある主要駅の近くに，相談拠点を置くことが重要です。また，主要駅近くの立地に拠点を構えるのであれば，事務所が広告塔となるように目に付きやすくするのも重要なポイントとなります。

　例えば1階店舗のサイン化や巨大看板などは，評判や信頼性等のシグナリング効果があります。人材を採用する際にも効果があるでしょう。

(4) 販売促進

　販売促進は，自社および自社の製品・サービスの情報を顧客に一方的に伝達するプロモーションが主ですが，この中には顧客に自社および自社の製品・サービスを認知・興味関心を持ってもらうように，相互に情報交換を行って態度変容を促し，最終的に選んでもらうための行動変容を促すコミュニケーションを実施する戦略（コミュニケーション戦略）が存在しています。

　コミュニケーション戦略を策定するための考え方は，図表7-16となります。①対象者（誰）に対して，②どのようなメッセージ（内容）を，③どのようなチャネル（手段）を通じて伝えるかという3つの点を明確にします。

　①はまさしく「ターゲット」となる顧客であり，訴求する対象を明確に設定

図表 7-16　コミュニケーション戦略の考え方

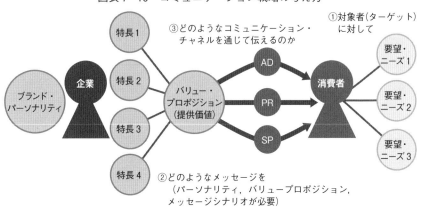

出所：筆者作成

します。この際，ターゲットの要望・ニーズがどのようなことなのかという点も同時に確認・把握します。そして②は，ターゲットに対して訴求する具体的な「メッセージ内容」となります。これは主に，伝えたい側の人と同じような独自の特性である「ブランド・パーソナリティ」やその企業が持つ特長，「バリュー・プロポジション」といわれる消費者への提供価値を訴求するためのシナリオを策定します。③は「コミュニケーション・チャネル」であり，①のターゲットの利用状況に応じて，コミュニケーションを実施する上で最適な手段と媒体を選択します。

　AD（Advertising）は「広告」であり，その企業や製品・サービスを広く伝えて，認知度や興味，関心を高めるための手段として用いられます。特にテレビやラジオ，新聞・雑誌等の媒体に対して，一定の出稿費用を払って，企業や製品・サービスに関する内容を掲載してもらう方法です。

　そして PR（Publicity）とは「パブリシティ」のことであり，このチャネルは通常，企業や製品・サービスに関する理解度および購買意向等を高めるための手段として用いられます。企業や製品・サービスに関する内容を新聞や雑誌等に記事として掲載してもらいます。この露出の仕方としては，ペイドパブリシティとフリーパブリシティの2種類があり，前者は一定の出稿費用を払って

掲載してもらうやり方であり，後者は無料で掲載してもらうやり方です。後者の方は，特に話題性がある記事等になりそうな場合に掲載の依頼が来ることになります。

SP（Seles Promotion）は「直接的な販促活動」であり，主に製品・サービスの購買へと繋げるための最後の背中の一押しをする際に用いられる手段です。イベントや展示会・セミナー等を開催して，企業や製品・サービスに関する説明や製品のサンプル配布等を行い，実際に体験してもらいながら最終的な購買へと繋げる方法です。こうした体験イベントに出展ブースを用意して，商談へと繋がるように，それぞれの目的と獲得したい効果に応じて，最適なコミュニケーション・チャネルを選択します。

なお現在では，相続支援事業でもプロモーションを実施する上での重要なコミュニケーション・ツールである，SNSを活用したマーケティングが主流となってきています。ホームページ専任の担当者を配置し，情報配信に力を入れる士業も多くなっています。

特にホームページの強化は，最低限の販売促進施策として整備すべきものであり，Facebook（フェイスブック）やTwitter（ツイッター），Instagram（インスタグラム）などのSNSも活用します。

さらに主たるターゲット層として想定される富裕層の年代（40歳以上）を考慮すると，行政関連の媒体（行政発行の書面，市役所等のホームページ等），地元関連の媒体（地域紙，地元テレビやラジオへの掲載，書籍の販売等）を活用することができれば，さらに顧客の目に触れやすくなるという効果が見込めるでしょう。

オウンドメディア（自社で保有するメディア）であるホームページは，新規の顧客にとっての顔であり，いわば自社ブランドの象徴となります。例えば筆者（佐藤）の事務所のホームページ作成にあたっては，時間をかけて構成・色合い・内容について検証しました。まず全体のコンセプトとしては，亀田製菓の代表的な煎餅であるおばあちゃんの「ぽたぽた焼」を顧客にイメージしていただき，相談しやすさを第一とするイメージとしました（図表7-17）。

図表 7-17　おばあちゃんの「ぽたぽた焼」のロゴ

出所：亀田製菓ホームページより引用

そのイメージに合わせて，色合いは日本人に馴染みのある"桜色"としました。これにより，おばあちゃんの「ぽたぽた焼」から来る身近な親近感や安心感をイメージするブランド・パーソナリティ[6]の醸成を目指しました。

また顧客に何度もホームページを見ていただけるように，ニュースリリース（新着情報やセミナー情報）を充実させました。相続対策や相続手続き全般にいえることですが，これらの手続きにかかる費用は，車や百貨店などの購買と異なりオーダーメイドであり，固定化されていないために分かりにくいところがありました。

そこで費用が顧客の状況（資産規模や相続人数，不動産の権利関係など）によって前後することを前提に，一般的にかかる費用をホームページに掲載することで，分かりやすさを前面に押し出しました。

相続支援事業に関しては，単に士業であるというブランドだけでは仕事は簡単には受注できません。この事業の特性として，顧客側からはまさに前述したおばあちゃんの「ぽたぽた焼」のようなブランド・パーソナリティのイメージ，つまり「誠実因子」「能力因子」等のブランド・パーソナリティが求められるからです。

(5) 人　材

人材は，製品・サービスを提供する従業員等のスタッフ全般を指します。その企業や製品・サービスのブランドを体現する重要な要素です。相続支援事業には，相続の知識にとどまらない広く深い知識が必要となります。法律や不動産実務は，高度な情報まで知っていて当然ですが，加えて建築（都市計画から工法，建築史まで），経済，保険，金融，歴史や世界情勢を知らないと，ターゲットとなる富裕層とはコミュニケーションが続きません。富裕層も勉強して

いるため，士業や相続コンサルタントとして担当者はさらに勉強し続けなければならないのです。

　そして知識以上に大切な条件としてあげられるのが，高い道徳性や倫理観，品性となります。コンサルティングには連続性の概念が重要であるといわれています。プライベートバンキングなどと同様に，一世代の付き合いでは終わらず，数世代のお付き合いとなって，はじめて支援者としての腕が認められます。

　そのベースを形作るのが，担当者のブランドと評判（コーポレート・レピュテーション）なのです。

職業ケース ③　　不動産鑑定士

「不動産鑑定士として持っておくべき相続知識の必要性」

自己紹介

　不動産鑑定士・森田努（公益社団法人東京都不動産鑑定士協会所属／かんべ土地建物株式会社鑑定企画室室長）

　栃木県宇都宮市（田内郡河内町）出身。横浜国立大学教育学部中学校社会科卒業後，大手旅行会社等を経て2008年不動産鑑定士論文式試験合格後，（株）不動産評価センターに勤務し，2011年より現職に至る。2011年不動産鑑定士登録。

１．不動産鑑定士の業務

(1)　不動産鑑定評価とは

　不動産鑑定評価は「不動産の鑑定評価に関する法律」によれば「土地若しくは建物又はこれらに関する所有権以外の権利の経済価値を判定し，その結果を価額に表示すること」と定義されています。

　また，日本不動産研究所編『不動産用語辞典　第7版』によれば，「一般の商品の価格が自由なプライス・メカニズムの下で形成されるのに対し，不動産は個別性が強く，取引市場も局限されているので，自由なプライス・メカニズムが成立し難い。

　不動産，特に土地の適正な価格を求めようとすれば，合理的な市場の価格形成機能に代わって不動産の適正な価格を判定する作業が必要となる。このような意

味で，不動産の鑑定評価とは合理的な市場があったならばそこで形成されるであろう正常な市場価値を表示する価格を不動産鑑定士が的確に把握することを中心とする作業である」とも定義されています。不動産の価格は一物四価や一物五価といわれるように，様々な観点・用途からみた価格が存在するのですが，不動産鑑定評価はその中でも最も合理的な価格を求めるものといえます。

⑵　不動産鑑定評価の考え方

　不動産鑑定評価は最も合理的な価格を求める作業であるので，その過程においては，Ａ：不動産の効用（収益性・利便性・快適性等），Ｂ：不動産の相対的稀少性（取得の際の費用性），Ｃ：不動産に対する有効需要（いくらで取引されているかの市場性）の三面性に基づき，原則として①原価法による積算価格，②取引事例比較法による比準価格，③収益還元法による収益価格を求めることとなります。

　※実際には上記の３つの価格を求めることが困難な場合もあり，その場合には各手法の考え方を他の手法に盛り込むことで補完することになります。

２．相続における不動産鑑定評価

　相続における主な目的は分割・納税・節税の３つに分けることができます。このうち不動産鑑定評価とより関わりが深い，分割と節税の場面において，不動産鑑定評価の活用場面を想定してみたいと思います。

⑴　分　割

　国税庁によれば2018（平成30）年度分の相続税申告において土地・家屋の相続財産に占める割合は合計で約40％となっていますが，土地・家屋といった不動産は，共有としない限り，そのまま分割することが難しいため遺産分割協議において大きな障害となります。

　例えば相続人は２人，不動産は一つのみで，相続人の１人がその不動産に従前から居住しており，当該不動産を相続して居住を継続したがっている場合。その相続人が不動産を１人で相続するのであれば，もう１人の相続人に対して現金を支払う等して調整を図る必要があります。

　また，相続人の人数と不動産の数が同じ場合であったとしても，各々の不動産

の価値が異なるので、ここにおいても現金等による調整が必要になることが考えられます。

　こういった場合において、その不動産の価値に応じた調整が必要になるのですが、具体的にどのようにして調整を図るか、その検討材料として不動産鑑定士による不動産鑑定評価を用いることが最も適切であると考えます。遺産分割協議の他、遺留分侵害請求、遺言書の作成、共有不動産の共有状態解消にあたっても同様に不動産鑑定評価を検討材料とすることが適切です。

(2)　節　税

　相続税の申告にあたって、相続税額を算出するために財産を評価する必要がありますが、相続税財産評価に関する基本通達（以下、通達）によると、相続財産のうち家屋は固定資産税評価額そのまま、土地は路線価方式又は倍率方式によることが原則となっています。しかし、路線価方式や倍率方式で評価を行った場合、その土地の時価を適正に反映することができず、過大に評価され、相続税を支払い過ぎてしまうことがあります。

　そのような場合、不動産鑑定評価によって適切にその土地の価格を把握し、当該鑑定評価額を「時価」とし、適切に納税をすることが可能となります（結果的に節税となります）。敷地内に大きな傾斜や高低差が存する土地、接面道路との高低差が大きい土地等、利用にあたって大きな支障があり、標準的な土地に比べて市場価値が著しく劣る土地等がこの場合に該当します。

3．相続における不動産鑑定評価業務の特徴

　2．で相続において不動産鑑定評価が活用される場面を想定してみましたが、その業務の流れについて整理してみると、主に以下の通りとなります。

(1)　分　割

　遺産分割等について依頼者が弁護士に相談し、弁護士が相手方にどのような主張をするか検討することとなりますが、その中で具体的な金額を要求する（相手方の要求額を否定する）際、価値が判定しづらい不動産について、依頼者が弁護士経由で不動産鑑定士に相続不動産の鑑定評価を依頼（相談）します。

⑵　節　税

　税理士が依頼者から相続税の申告を受注し，相続不動産のうち通達では対応できない不動産についてその適正な評価額を求めるために，依頼者が税理士経由で不動産鑑定士に相続不動産の鑑定評価を依頼（相談）します。

　このように，いずれの場面においても不動産鑑定士は他の専門家経由で依頼（相談）を受けることになります。つまり，不動産鑑定士は相続においては依頼者から直接依頼（相談）されることは稀で，他の専門家からの紹介を受けることがほとんどです。

　それは不動産鑑定評価がどの場面においても，「目的」ではなく「手段」であるという特徴によるためと考えます。分割においては相続人同士の協議をまとめるための手段として，節税においては適正な不動産価格を把握するための手段として，それぞれ不動産鑑定評価が用いられるのです。

　相続相談における主な目的が分割・納税・節税とするならば，そのために弁護士や税理士等の専門家を利用し，そしてそれら専門家の業務のための「手段」として不動産鑑定評価が用いられるのです。そのように考えると，不動産鑑定評価は相続の分野において，かなり下流にある業務といえます。

　また，相続発生時に家庭裁判所に相談する割合は相続件数の15％程度ですが，その中で不動産鑑定評価が用いられるケースはそれほど多くありません。また，相続税の申告において，不動産鑑定評価が必要となるような特殊な不動産が相続財産に含まれるケースも限定的なものとなっています。つまり，確かに相続において不動産鑑定評価が必要となる場合はあるのですが，それはレアケースであるといえます。

4．不動産鑑定士が相続に詳しくあるべき理由

⑴　上流に訴求する必要がある

　不動産鑑定評価は相続業務の下流域に存しており，しかも，目的達成のための手段の一つであるため，より上流の業務へと訴求しなければ相続において業務を獲得する機会は限られたものになってしまいます。ところが，不動産鑑定評価はニッチな業務なので，弁護士・税理士・司法書士等の専門資格者であっても，その業務や有効性についてよく把握されていない場合が多くあります。

　弁護士が不動産の価値を把握するにあたって不動産業者の無料査定を利用したり，税理士が本来不動産鑑定評価を利用すれば評価額を下げられるような物件についてもそれを認識せず，通常通り評価してしまったりしているケースが多く見られます。それらのケースにおいて，不動産鑑定評価を活用していれば得ることができた利益を失ったり，避けることができた損失を被ったりしていることがあります。

　このような事象を避けるためには，下流に存する不動産鑑定士が上流の専門家に対して不動産鑑定評価の必要性・有効性を普段から啓蒙し続ける必要があります。しかし，不動産鑑定評価は単なる手段なので，その手段をもって何をしたいのかという目的と，その目的達成のために考えられる他の普段についてよく理解しておかなければ，その必要性・有効性を有効に説くことはできません。そこに不動産鑑定士が相続に関する知識を獲得すべき一つの理由があります。

(2)　不動産鑑定士の業務領域は狭い

　不動産鑑定士だけに認められる独占業務は不動産鑑定評価書等の作成のみです。一方，報酬を得ず業とはしない不動産の価格調査報告書（宅建業者の不動産価格査定等）は，誰でも作成することが可能です。

　つまり，不動産鑑定士の業務領域はそもそも限られたものであるのに，宅建業者の無料査定のような代替サービスも存在することから，不動産鑑定士の業務領域はますます限定されてしまっているのです。

　したがって，不動産鑑定士としては，限定的である業務の獲得機会を増加させるとともに，その業務を確実に収益に繋げることが重要になってきます。そのためには，相続についての知識を獲得し，日本における数少ない成長分野の一つである相続業界に参入することが有効です。

5．相続において専門分野以外に不動産鑑定士に求められるもの

　相続の場面で不動産鑑定士には不動産鑑定に関する専門知識以外にどのような知識・技術が求められるのでしょうか。

(1)　相続・不動産に関する幅広い法務・税務知識

　上流に存する弁護士や税理士に対し，不動産鑑定評価を用いる法務・税務上の

メリットを説く必要があるので，相続に関する幅広い法務・税務の知識は必須になります。

　また，相続は問題が多岐にわたるとともに，相続の発生前から，一次相続，二次相続，そして相続人等関係者の将来設計にも関わるものであり，縦軸も気の長い話となります。そのため，知識を一時的に獲得するのではなく，各種の法令や通達の改正に対応するため常にアップデートする必要があります。

　(2)　不動産鑑定評価にとらわれない関わり方

　不動産鑑定評価はニッチな業務であるため，相続に関わったとしても不動産鑑定評価書が必須となる場面はそこまで多くありません。一方，不動産鑑定士は不動産に関する高度な専門知識を有しており，その知識自体を相続問題の解決に活かす場面は非常に多くあります。したがって，不動産鑑定評価書の作成以外のメニューを用意し，柔軟に対応することで，業務の受注の幅が広がります。

　(3)　コミュニケーション・スキル

　相続問題は関係者の感情が複雑に絡み合うものです。相続問題の解決にはそれらを解きほぐしたり，さらに複雑化するのを防いだりする対応が重要になってきます。

　また，専門家の一言は顧客の心に大きな影響を与えます。正しいことを伝えようとしても，誤った表現をしてしまうことにより，顧客に想定外の心理的影響を与えることがあるので注意しなければなりません。特に相続問題の対応にあたっては，関係者間の人間関係がデリケートなことが多いので想像力をフルに働かせる必要があります。

　ところが，不動産鑑定士は普段は公共団体や法人を相手にした比較的人間関係が稀薄な業務が多く，また，不動産鑑定評価書の作成という仕事は不動産というモノと向き合う仕事なので，相続における関係者間の利害関係の調整や，主張の橋渡しといった濃厚な人間関係に関わる業務にはあまり触れることがありません。

　私の主観ですが，不動産鑑定士は人とコミュニケーションを取ることが苦手で，変わり者といった印象を持たれることが多いのも，そういったところに原因があるのではないかと思います。

　したがって，そのような（コミュニケーション下手な）不動産鑑定士が相続関

連業務に関わるためには，他の専門家以上にコーチングやプレゼンテーションな
どのコミュニケーションスキルを特に意識する必要があります。

6．士業が専門分野以外の知識を所有する価値

　人口減少，高齢化が進行する日本において，相続関連分野は数少ない成長分野
であるとされています。そのため，現在多くの専門家・士業が相続業界に参入し
ているか，参入を検討しており，競争が激化しています。さらに，インターネッ
トやSNSでサービス内容・価格を容易に比較検討することが可能になってきて
おり，そのことが一層競争を激化させています。

　相続問題は濃厚な人間関係に関わるものであることから，機械作業的に業務を
システム化・ルーチン化することによって低価格化を実現することは難しいと考
えます。そのため，価格競争に飲み込まれ，低価格を売りにして薄利多売をしよ
うとすると，そのサービスは質が低下し，やがて顧客離れが進行することとなっ
てしまいます。

　したがって相続業界で生き残るためには，価格競争とは距離を置くことが必要
で，価格とは異なる点において競争力を確保し，差別化を図ることが重要となっ
てきます。その差別化のための手段が専門分野以外の知識の獲得や他の専門家と
の連携であると考えます。

　士業の中でも特にニッチな不動産鑑定士が，相続に関わる場合について述べて
きましたが，他の士業についても，やはり専門性が強いが故に視野が狭かったり，
コミュニケーションスキルが欠けていたりする傾向が見られます。一方で弁護
士・税理士・司法書士・不動産鑑定士といった相続に関わる士業は国家資格者の
中でも難関国家資格者であり，高度な知識・経験を有しています。

　それらの士業がその専門分野についての高度な知識・経験に加え，相続に関す
る幅広い知識と，顧客に寄り添うコミュニケーションスキルを備えることができ
れば，必ず顧客に対して素晴らしいサービスを提供することが可能となり，円満
相続が増えることになるのではないでしょうか。

　そしてそのことが士業の生き残りにも繋がるのではないかと考えます。

(6)　物的環境要素

　物的環境要素は，顧客が製品・サービスの提供を受ける環境を指します。例

えば相続相談を実施するブースは，営業活動において重要な物的環境要素であるといえるでしょう。相続支援事業を行う企業のポジショニングやブランディングにも影響しますが，基本的には資産の絡む支援業務であれば，品性や気品，清潔感，高級感などを感じさせる内装デザインを取り入れることが前提となります。

　観葉植物などの緑の使い方等もポイントとなるでしょう。いかにリラックスして，財産に関係する相談を顧客から切り出していただけるかがポイントとなります。また接客する担当者の身なりもブースの雰囲気にあわせた対応が必要となります。顧客にとって，信頼感・清潔感をあたえるファッションとは何なのかをよく考える必要があります。顧客は担当者の一挙手一投足をよく観察しています。使っているボールペンすら確認しているかもしれません。

　つまりは，⑸人材と関係しますが，最終デリバリーを行う担当者にまでブランドの一貫性が保たれなくては，企業としての評判（レピュテーション）も醸成されないということなのです。全てにおいて矛盾のない一貫した活動こそが，顧客との約束を守る企業であるという評価へと繋がっていき，ブランドが構築・維持されることになります。

　加えて，私たちが活用するアウトプット用の資料にも創意工夫が必要です。内容が伴っていることは言うまでもありませんが，これに加えて資料の美しさが効果を表すということを付け加えておかねばなりません。

（7）　提供過程

　提供過程とは，製品・サービスを提供する際の流れやこの提供を受ける際に体験すること等を指します。相続支援事業は，はじめの相続相談で受託できるか否かが，重要なポイントとなります。仮に受託ができなくても，その後数カ月，数年かけてフォローを行い受託することもあるというのが，相続支援事業が持つ特性でもあります。

①　サービス・エンカウンター（真実の瞬間）

　はじめの相続相談は，サービス・エンカウンターとなります。サービス・エンカウンターとは，「真実の瞬間」といわれ，顧客が企業の提供する具体的なサービスに直接接する場面のことであり，顧客がサービスを提供する組織と出会う場となります。顧客が企業の製品・サービスに触れる接点のことであり，IMC（統合型マーケティング・コミュニケーション）[7] を行う際には，非常に重要な考え方となります。通常はコンタクト・ポイントと呼ばれています。

　受託後のフォローはまた，相続支援事業にとってはきわめて重要なサービス・エンカウンターになるということを理解しなければなりません。こうした顧客のフォローができない担当者は，顧客に嫌われていることにすら気づかないといったケースが散見されます。

　当然，顧客の性格や特性に合わせた頻度ややり取り，場の提供は必要です。しかしながら最低限のフォローができていなければ，顧客との関係性は悪化する一方であり，この提供過程こそが利益の源泉となることを相続支援事業の担当者は理解しておく必要があります。

　サービスはプロセスが重要であるといわれます。これは顧客は，サービス活動の結果だけでなくプロセスも体験するということです。つまりサービスのもたらす効果は，結果と過程の両方からもたらされるということです（これを「結果と過程の等価的重要性」といいます）。

　また，サービスは顧客との共同生産であるといえます。対人サービスは顧客を対象とする活動であることから，提供するサービスは，顧客とサービス提供者との相互作用により組み立てられることになります。このことは，モノを生産することに比べて，顧客がより積極的な役割を担わなければならないということを意味しています。つまり顧客はもとより，共に仕事を進めていく士業とのネットワークを構築し，常に顧客のニーズを取り入れながら，全てのプロセスで共創することにより成立するということです。

　上記より相続支援事業は，顧客と事業者との価値共創事業であるといえます。「価値共創」は元来，米経営学者のプラハラードにより提唱された概念です。

文字通り価値の創造に消費者が関与し，企業との競争により生まれるとする考え方です。

　これを真に理解するためには，サービス・ドミナントロジック[8]（Service-Dominant Logic：以下Ｓ-Ｄロジック）の考え方が必要となります。このＳ-Ｄロジックにおける価値共創の概念は，バルゴ＆ラッシュ（2004）によれば，「サービスが主体となるマーケティング」であると定義されています。また張（2016）によれば，「単に顧客を生産プロセスに巻き込むのではなく，その着目点は顧客が企業の提供物を自らの価値創造に組み入れないと価値が存在しないというところにある」と指摘されています。こうした価値共創は，主として４Ｃアプローチ[9]を通じて実現されるといわれています。

　顧客と事業者（士業ネットワーク）が循環的に繋がって，個の相続問題を解決する，つまり国民の富（金銭的価値＋情緒的価値）の最大化を図る価値共創事業を創造するのです。このメカニズムを推進し，相続問題を解決することにより，社会的な問題（不動産の相続を伴う家族紛争の発生⇒空き家・空き地の増加⇒地域不活性化が生じるといった一連の因果的かつ循環的な問題）を事前に解決することへと繋がります。

　これは現在，意図せず発生してしまい，政府・自治体の補助金を消費する事案となっているというのが実情です。相続による家族紛争から生まれた「負動産」が売れない，もしくは格安で売らざるをえない状況が増えていますが，相続問題を解決することにより，この問題は解消されるでしょう。

　社会問題は，通常既に生じてしまっているものに対しての事後的な対策が主となりますが，特にこの問題に関しては，未然に社会問題化させないことが可能であり，マイナスの発生を未然に防止することが可能となります。マクロレベルで見ても，個人が得るべき富が最適化される全体最適になるということなのです。

②　サービスの構成要素

　サービスを構成する要素は，図表７-18に示すように４つあります。①コ

図表7-18　サービス商品の検討フレーム

①コア・サービス	**製品の中核となる機能を受け持つ要素**。顧客が対価を支払って消費しようとする中核的サービス活動。対価を支払う必要のないサービスの状態。（例）天災以外の理由で大幅に遅延した新幹線・航空機orゴミが入っていて食べられない料理
②サブ・サービス	**コア・サービス以外の副次的サービスをサブ・サービス**と呼ぶ。コア・サービスは顧客にとって当然のサービスとなるが、サービス商品の特徴は実際はサブ・サービスが主張していることが多い
③コンティジェント・サービス	状況適応，つまり**臨機応変に行うサービス**である。通常業務で行われているサービスを攪乱する要素（外部環境or顧客要因で発生する要素）に対して対応するサービスである。（例）天災等に直面した際の対応等
④潜在的サービス要素	企業が計画したものではないが，**顧客自身が見つけ出すサービスの効用**である。（例）夏休みの子供のイベント。子供のいない間親は自分達の時間を過ごせる

出所：Lovelock & Lauren（1999＝2002）を基に筆者作成

ア・サービスは，主に「製品の中核となる機能を受け持つ要素」であり，②サブ・サービスは，「コア・サービス以外の副次的サービス」であり，顧客にとって当然のサービスです。③コンティジェント・サービスは，「臨機応変に行うサービス」であり，④潜在的サービス要素とは，「顧客自身が見つけ出すサービスの効用」を指します。

　相続支援事業でいえば，「コア・サービス」は，生前対策であれば遺言書作成や家族信託，土地活用などが該当するでしょう。相続発生後は，相続税申告，相続手続き，相続登記などのサービスが該当します。「サブ・サービス」は，例えば遺言書作成を行った顧客が，その後認知症の心配が出てきたため，相続支援事業者から民事信託の提案を行うことなどがこれに該当します。

　資産や感情にかかるサービスメニューがある相続支援事業においては，このサブ・サービスに強みを持たせることは一つのポイントとなります。

　「コンティジェント・サービス」は，相続支援事業には顧客も事業者も意図せぬタイミングで対象者が亡くなることがあるため，当該サービスは発生頻度が少なくはないといえるでしょう。

「潜在的サービス要素」は，相続支援事業における捉え方が難しいものの，顧客が生前対策を行ったことで介護などの問題が解決し，自由時間が増えるなどの効用が得られたこと等がこれに該当するでしょう。

③　サービス品質（SERVQUAL）

サービス品質を測定する尺度を，SERVQUAL（Service Quality の略）といいます。顧客の主観的な品質を測定するために開発された尺度であり，当初は10項目ありましたが，現在では図表7-19のように5項目（信頼性・反応性・確信性・共感性・物的要素）に集約されています。

これは相続支援事業の場合も活用できる尺度です。例えば当該事業では，信頼性が大切であることはいうまでもありません。相続は，身内同士での手続きということだけではなく，士業や相続コンサルタントに対して自身の資産もオープンにしなければならない手続きです。個人情報を扱う相続支援事業者は，センシティブな情報を共有できるほどの「信頼性」がなくてはなりません。

「反応性」については，相続支援事業者によっては対応が遅い事業者がいることも事実ですが，当然ながら対応は早いにこしたことはありません。「確信性」はどうでしょうか。ここはホスピタリティが重要になってくるでしょう。ホームページでどれほど良いことを述べていたとしても，従業員のサービスレベルが低いようであればミッションやビジョンは絵に描いた餅となるでしょう。

資産や家族間の感情に対しての支援を行う相続支援事業者は，アウトプットこそ確実に出し続けなければなりません。

「共感性」もまた，相続支援事業においては重要な要素となります。相続支援事業はモノを売る事業ではありません。だからこそ，顧客とのコミュニケーションが重要になります。嫌われてしまっては，どれほど良い提案ができたとしても，その提案を顧客に受け入れてもらうことは難しいでしょう。

「物的な要素」でいえば，顧客が安心や安全を確保できる相談スペースの確保は当然ながら，対応するコンサルタントの身なりや言葉遣い，ひいては利用するパンフレット等をはじめ，顧客が目にするものだけでなく，においなどに

も気を遣う必要があるでしょう。

図表 7-19　サービス品質（SERVQUAL）の検討フレーム

①信頼性	企業が約束したサービスを正確にきっちりと提供できる能力への信頼感である。基本機能，つまりコア・サービスに対する評価基準である。信頼性はサービスの結果についての基準であるが，後の3つは提供過程（デリバリープロセス）に関する基準である
②反応性	積極的かつ迅速に顧客の求めに応じて行動するかどうかの側面に関する評価基準である（担当者の姿勢と行動について）
③確信性	顧客に対してサービスの質に関する信頼感と確信を印象付けられるような企業と従業員の能力を意味している
④共感性	顧客の個人的問題や気持ちを理解し，問題を一緒に解決しようという姿勢である
⑤物的な要素	建物の外観，部屋の造り，備品，従業員の服装，パンフレット等のコミュニケーションの道具類等である。サービスが提供される環境を作り上げているため，サービスの質の一部である

出所：Lovelock & Lauren（1999＝2002）を基に筆者作成

注

1）Attention（注意喚起），Interest（興味関心），Search（検索），Action（行動），Share（共有）の頭文字を取り，消費者が製品・サービスを認知してから購買に至るまでの態度変容・行動変容を表した購買行動モデルのことを指します。

2）EQ とは，Emotional Intelligence Quotient の略であり，ジョン・メイヤーにより発表された「心の知能指数」を表す概念です。心理学者のダニエル・ゴールマンによって体系化されました。この能力が高い人は，自分の心の状態を認識して，他者の心の状態を理解することができます。（Salovey & Mayer, 1990）

3）PSM（Price Sensitivity Meter）は，顧客に「高いと感じる価格は？」「安いと感じる価格は？」「高すぎると感じる価格は？」「安すぎると感じる価格は？」という4つの質問をして，顧客がどれくらいの範囲なら，提示した価格を受け入れるかということを知る方法です。どの価格（横軸）で，何パーセントの回答者がそう思うかという累積（縦軸）を図で示していきます。4つの交点から，利益が最も高くなる「上限価格」，普及させるために採用される「下限価格」，購買しても良いと思える「妥当価格」，販売数量と利益の獲得が同時に期待できる「理想価格」の4つの価格帯を知ることができます。

4）顧客にいろいろな条件で組み合わせた製品のカードを提示し，順位付けや評価をしてもらうことによって，顧客に選ばれる最適な条件を知る方法です。価格をいくらぐらいにすれば，市場でのシェアがどれくらい取れるかというシミュレーション

ができます。

5）フリーミアムとは，「フリー（無料）」と「プレミアム（割増）」を組み合わせた造語であり，基本機能しかない製品・サービスは無料で提供し，高機能な製品・サービスは有料で提供するという考え方です。この考え方を活用すると，有料利用者から獲得する収益で，無料利用者のコストを吸収するといった仕組み（ビジネスモデル）が構築できます。

6）米経営学者のジェニファー・アーカーは，1,000人以上の消費者に対して，60もの有名ブランドのイメージを調査した結果，ブランド・パーソナリティには，大きく5つの因子があるということを明らかにしています。

誠実因子：
■堅実：家族志向／田舎／平凡／ブルーカラー／典型的なアメリカ人
■正直：誠実さ／偽りのなさ／道徳的／思慮深さ／気づかい
■健全：本物／正統／永遠の若さ／伝統／昔ながらの
■励まし：情の深さ／親しみ／人間的な温かさ／幸せ

刺激因子：
■憧れ：流行／刺激的／自由／華やかさ／挑発的
■勇気：冷静さ／若さ／快活／外向的／冒険
■想像力：ユニークさ／ユーモア／驚き／芸術的／楽しさ
■斬新性：独自性／現代的／革新的／攻撃的

能力因子：
■信頼：勤勉さ／安全／有能／信用できる
■知性：技量／結集力／まじめさ
■成功：リーダー／自信／影響の大きさ

洗練因子：
■上流階級：魅惑的／器量の良さ／思わせぶり／洗練された
■魅力：女性らしさ／心地よさ／性的魅力／優しさ

素朴因子：
■アウトドア：男らしさ／西部開拓時代／活動的／スポーツ
■頑強さ：飾りのなさ／強さ／無駄のなさ

内気因子：
■内気な／恥ずかしがり屋の／おっとりした／さびしがり屋の／不器用な／のんきな／控えめな／おっちょこちょい／地味な／おとなしい

7）IMCとは，Integrated Marketing Communication＝統合型マーケティング・コミュニケーションの略であり，商品・サービスについて，テレビ・ラジオ・新聞・雑誌・インターネットなどの多数のコミュニケーション手段を役割に合わせて調整・統合し，一貫して説得力あるメッセージを伝達することです。

　まず伝達したい一貫したメッセージがあり，伝達対象である既存顧客や潜在顧客との接点である全てのコンタクト・ポイントを明確に把握することにより，この接

点に対して効果のある手段を調整・統合して，一定の期間，集中的に一貫したメッセージを投下します（亀川，2019，p.12）。

8）米マーケティング学者であるバルゴ＆ラッシュにより提唱された概念であり，マーケティングが発展してきたプロセスを紐解き，もはや従来のようにモノが主体となるマーケティングではなく，サービスが主体となるマーケティングになってきていることを示しました。（Vargo & Lusch，2004）

9）顧客との接点（Contact）を構築することから始まり，コミュニケーション（Communication）を交わします。そして直接的相互作用によって，共創（Co-creation）し，顧客にとっての文脈価値（Value-in-Context）が生み出されます（村松，2015）。

第三部
相続支援業務の案件化と進め方

第8章　相続支援業務の案件化

　相続支援業務のプロジェクトフローは，図表8-1に示す通りです。一般的なプロジェクトフローと概ね同様であり，初めは顧客開拓から開始します。ここでは，生前対象の一つである財産診断業務のプロジェクトフローを一つずつ見てみましょう。

図表8-1　一般的なプロジェクトフロー

顧客開拓	案件形成	案件推進	クロージング・フォロー
(1)顧客コンタクト (2)相続相談	(1)顧客ニーズの確認・把握 (2)営業活動 (3)提案・受注活動	(1)プロジェクト組成 (2)プロジェクト推進	(1)クロージング (2)フォローアップ

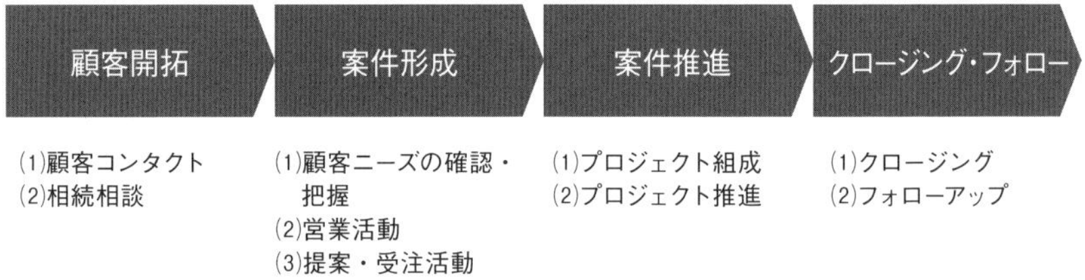

出所：筆者作成

1. 顧客の開拓

(1)　顧客へのコンタクト

　顧客を獲得するためには様々な手法が考えられます。起業して1年未満のいわゆるアーリーステージでは，広告にかける予算も限られているため紹介が主になります。

　一方，前述したマーケティング戦略を実施し効果が現れてくれば，オウンドメディアであるホームページやSNSからの問い合わせ，相続セミナーからの集客，住宅メーカー・保険会社・建築会社等の大手法人との業務提携等からも効果が出てくることになります。

(2)　相続相談

　初回面談は，顧客との関係性を醸成する大切な場となります。この場では，顧客とのコミュニケーションのなかで相続にかかる様々な問題を発見し，その問題の解決に至るまでの道筋や解決方法，その課題解消にかかるコストを分かりやすく伝えていかなければなりません。

2．案件の形成

(1)　顧客ニーズの確認・把握

①　ニーズ・ヒアリングの実施

　対面で顧客のニーズを的確につかむためには，事前準備が必要となります。まず具体的なヒアリング事項と進行とがセットになった，ヒアリング・スクリプト[1]を作成します。

　特に顧客と1対1（Face to Face）で対応する事業は，ニーズを的確に引き出す方法があります。最初に時事ネタや相手との共通点などからアイス・ブレイクを行って，顧客とのラ・ポール[2]を築きます。

　そして次に，上記のヒアリング・スクリプトをベースに，相続問題の解決に必要となる事項（例えば家族関係・資産状況・相談者の想い・相続人の想い等）の話を傾聴していきます。

　上記項目のヒアリングが終われば，次はニーズを引き出していくことが重要となります。

②　ロジカルシンキングによる思考

　何かものを考える際には，MECE（ミッシー）という考え方が重要です。この考え方では，物事を「モレなく，ダブりなく」整理するということを意識します。例えば下図のように，A＋B＋C＝全体となるように物事を整理していきます（図表8-2）。

図表 8 - 2　MECE の考え方

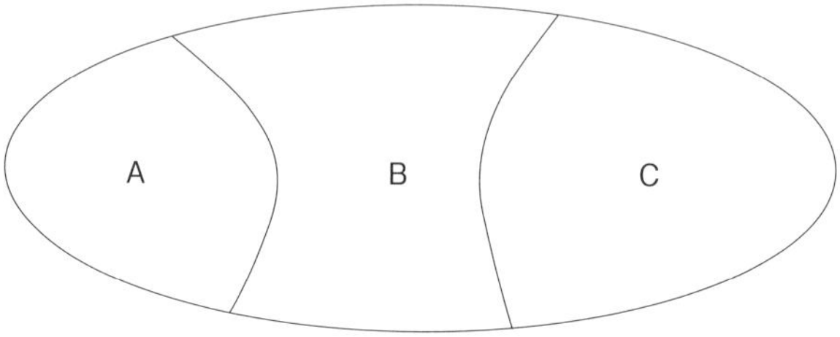

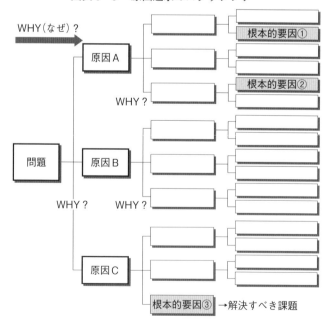

出所：筆者作成

③　ロジックツリーの活用

　物ごとをモレなく，ダブりのない形でロジカル（論理的）に考えるためには，ロジック（論理）を階層化して思考するツールである「ロジックツリー」の活用が効果的です。ロジックツリーは主に「原因追求のためのロジックツリー」

図表 8 - 3　原因追求のロジックツリー

出所：齋藤（2010）

と「課題解決のためのロジックツリー」の2種類があります。

「原因追求のロジックツリー」は，図表8-3に示すように，ある問題が発生した場合，この問題がなぜ発生しているのかという「原因を明らかにすること」を目的に使われます。ある問題に対して，「WHY（なぜ）？」とそれが起きている原因が特定されるまで繰り返し，根本的要因（＝問題点）を追求します。

「課題解決のロジックツリー」は，根本的要因（＝問題点）が特定されたら，この問題点を解決するための施策が対応する課題となりますから，図表8-4のようにこの課題をスタート地点として置き，「SO　HOW（だからどうする）？」を繰り返して，課題を解決するための具体的な解決策を出していきます。

それでは，相続支援事業におけるロジックツリーはどのようなものになるで

図表8-4　課題解決のロジックツリー

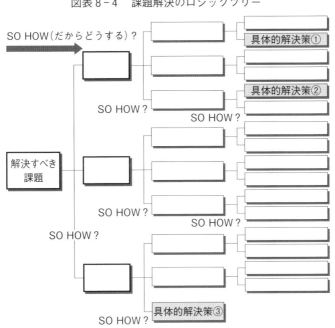

出所：齋藤（2010）

しょうか。まず原因追求のロジックツリーを考えてみましょう。

　例えば今，あなたが相続人になったとします。一番左側に置く「問題」として，「急に相続人になり，何をどうしたら良いのかが分からない」ということが問題となりました。次は「なぜ何をどうしたら良いのか分からないのか」ということを深く考えます。

　その原因としては，もちろんいろいろな要素があるはずですが，現時点で「相続に関する知識がない」という，そもそもの相続のプロセスや知識を持っていないということや，「知識はあって分かってはいるが，誰に相談したら良いかが分からない」という，具体的に進めていこうとした場合に，支援が受けられる事業者が分からないということ等も原因として考えられるでしょう。

　この根本的な要因としては，相続に日常的に触れている訳ではないので，発生してからでないと関心を持たないということが考えられます。つまり関心がないために，知識も依頼先の情報も持っていないのです。

　解決すべき課題としては，関心を持って，事前に「相続の流れや内容を学びきちんと把握する」ということ，そして自身で対応が困難な場合に，関心を持って，事前に「誰にお願いすれば良いかを確認しておき，分かっている」ということです。これが事前にできていれば，相続が発生しても「何をどうしたら良いか」という問題も発生しないということになります。

　このようにロジックツリーの最大の効能は，ある物ごとを俯瞰的かつ網羅的に，モレなくダブりなく検討することができるという点にあります。

(2)　営業活動

　一般的に営業活動の種類には，「訪問型営業」と「来訪型営業」の二通りがあります。

　相続支援事業に関する営業スタイルは，どちらかといえば先のプロモーション（コミュニケーション戦略）としてオウンドメディアやSNSを用いて集客した上で，顧客に来訪して頂くという後者の来訪型営業のスタイルになります。前者はプッシュ型営業，後者がプル型営業となります。

　顧客対応についても営業スタイルはプル型営業が望ましいでしょう。顧客に対しては，教えるというスタンスではなく，積極的傾聴[3]によってニーズを引き出していくことが重要です。この状態を例えるならば，いま目の前に水が入ったコップがあるとします。まずは何も言わずに，このコップに入った水を飲み干すというイメージが最も近いでしょう。まずはオープンな質問により，相手を話しやすくすること。そして話し出した相手の話の内容を理解するように，よく耳を傾けて受け入れることが必要であるということです。

　また営業活動は，必ず2名以上のチームで対応することをお勧めします。複数人で対応することにより，顧客との打ち合わせ内容の聴き漏れ等のミスが防げることはもちろんですが，十分な体制で対応することにより，顧客にもその誠意が伝わり双方の関係性が築きやすくなります。2人以上の対応の場合は顧客との相性の問題にも対応可能です。仮に担当の一人が顧客との相性が合わないとしても他の担当者との相性が合っていれば，顧客を繋ぎとめることができます。

(3)　提案・受注活動

　顧客が抱えている問題点やニーズを十分に把握した後は，課題の解決が図れるような提案内容を作成します。いわゆる財産診断提案書の作成です。このタイミングで重要なのは，全体像を「ビジュアルで分かりやすくする」ことです。

　また同時に，顧客への提案・受注活動においては，先ほどの積極的傾聴によりニーズを引き出し，把握していくコミュニケーション，最適な提案内容を伝えていくプレゼンテーション，そして合意形成等プロジェクトを円滑に前へ進めていくファシリテーションの各スキルが必要となります。この3つのスキルはコンサルティング・スキルといわれるものであり，相続支援事業は，コンサルティングであることから，これらは必須のスキルであるといえるでしょう。

　提案書および提案内容は，競合事業者との違いをアピールする場でもあります。例えば相続支援事業者Aは，提案書の中で，現状の財産目録を整理し課題をピックアップしました。一方相続支援事業者Bは，現状の財産目録を出し，

課題を整理した上でゴールを設定し，その目的を達成するためのアクションプランにまで段取りをつけて提案をしました。両者を比較した場合，顧客はどちらを選ぶでしょうか。

　また提案書を作成してしっかりした提案をしたからといって，誰もが受注できるわけではありません。提案してからが，真のお付き合いがはじまるといっても過言ではないでしょう。受注するためには，顧客の期待を超える提案をしなければなりませんし，顧客が知らずに求めている潜在意識を掘り起こす必要性もあります。もちろんこれらが難しいことは言うまでもありませんが，前述したコミュニケーション，プレゼンテーション，ファシリテーションの各スキルを三位一体で駆使し，ラ・ポールを形成したうえで，的確な相続支援のコンサルテーションを行う必要があります。

　なお，相続支援は一度の提案で完結するものではありません。次世代との関係も踏まえ，長期的な時間軸の中で提案をし続ける必要もあります。例えば，顧客の希望に沿って，保険の非課税枠を活用するために保険業者を紹介し，終身保険に加入していただいたとしましょう。しかしながら，保険に加入しただけでは相続支援は完了しません。保険に加入した上で，遺言書を作成し，争続にならないように事前に関係者と話し合っておく。さらに信託を組成し，認知症対策も採っておく。現時点で顧客は気づいていないかもしれませんが，潜在的な課題を次々と発見し解決に導くことが，これからの相続支援事業者の役割でありかつ連続的な業務を受注するためのポイントであるといえるでしょう。相続支援は，長期的な時間軸をつねに意識しなければならず，担当者はこの意識を絶えず持っておくことが重要です。

　逆に単一の製品を売るように，一度のサービスで相続支援が完結すると考えているようであれば，相続支援の責にあたる人材としては適任ではないといえるでしょう。

①　契約の締結

　相続相談のなかで，顧客から直接問題解決の依頼がある，もしくは顧客の抱

える問題を発見し，顧客から問題解決の依頼を受け，無償での対応が難しい場合は，見積もりを提示の上，契約の締結を行います。

　契約においては，業務の目的と費用の範囲は必ず明確にするようにしましょう。加えて期間内に問題解決が難しい場合等に備え，契約解除の条項を設けることも検討しておくと良いでしょう。業務期限の設定は，プロジェクトの推進上非常に重要な条項となります。

②　業務の遂行

　財産診断後の顧客との契約後の流れは，2つあります。生前対策であれば資産組み替え，土地活用，遺言書作成，家族信託の組成，保険，生前贈与等となります。現状を把握せずにアクションプランを進めることは，例えるならば，嵐のなかコンパスも道具も持たず大海原に筏で出航するようなものです。

　財産診断を行い，現状の把握，課題を発見し，課題解決のためのアクションプランを提案します。また，相続後であれば相続税の申告もしくは相続手続きのサポートを行うこととなります（図表8-5）。

　実行からは独占業務等に基づき，それぞれの士業が手続きを実行していくの

図表8-5　相続支援事業のアクションプラン

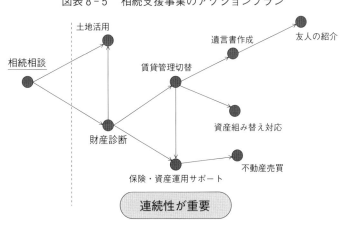

出所：筆者作成

ですが，当然のことながら同時並行が必要な作業もあるでしょう。例えば生前対策を例にあげますが，アクションプランには連続性が必要なケースも多くあります。

　顧客から遺言を作成したいと依頼があり，遺言作成で業務が完了であれば問題ないのですが，大体が他にも課題があるものです。顕在化されていない課題に気づけるかどうかは相続支援事業者の腕の見せどころです。

注
1）ヒアリングで確認したい項目の内容とその進行方法，各項目ごとのタイムスケジュール等について記載された一覧表です。これを事前に用意しておくことにより，モデレーター（ヒアリングする人）は，全体像と当日の進行，そして聞かなければならない論点を把握した上でヒアリングに臨むことができます。
2）臨床心理学の用語であり，フランス語で「架け橋」という意味を持ちます。主に自分と相手がコミュニケーションをスムーズに行うために，信頼関係を築くための方法です。
3）池上ら（2008）によれば，積極的傾聴とは米心理学者カール・ロジャースにより提唱された，人間尊重の態度に基づいて相手の話を徹底して聴こうとする聴き方です。この要素には，共感的理解・無条件の肯定的関心・自己一致の3つがあり，聴き手が相手の話を聴くときに話の内容を否定せずに，相手の立場に立って共感的に，また，分からないところは聴きなおして内容を確かめ，相手に対しても自分に対しても真摯な態度で聴くことであると述べています。

第9章　相続支援業務の進め方

1．案件の推進

(1)　プロジェクトの組成

①　実施事項の棚卸し

　生前は，主に相続前の事前準備を行う段階として，相続対策コンサルティングが実施事項となります。相続後は，相続税申告・相続手続きがメインとなります。図表9-1は，生前と相続後における一般的な実施内容案です。

図表9-1　生前・相続後の実施事項

【生前：相続対策コンサルティング】
　相続対策を行うにあたって，下記について情報の棚卸しを行います。
- 被相続人の家族構成
- 被相続人の資産状況（現預金，不動産，保険，有価証券，負債など）
- 資産にかかる資料整理
- 被相続人の経済面，感情面に関する考え方
- 相続人の相続に関する考え方

【相続後：相続手続き】
　相続手続きにあたっては，相続税申告の有・無の2パターンがあります。
1．相続税申告※詳細な調査が必要となる
- 被相続人の家族構成
- 被相続人の資産（現預金，不動産，保険，有価証券，負債など）
- 資産にかかる資料整理
- 被相続人の経済面，感情面に関する考え方（遺言の有無など）
- 相続人の相続に関する考え方
2．相続手続き（被相続人の資産が基礎控除以下の場合）
- 被相続人の家族構成
- 被相続人の資産（現預金，不動産，保険，有価証券，負債など）
- 資産にかかる資料整理
- 被相続人の経済面，感情面にかかる考え方（遺言の有無など）
- 相続人の相続に関する考え方

出所：筆者作成

②　スケジュールの作成

スケジュール作成の基本は，優先順位→即効性→収益性の順に実施することにあります。もちろん，この根底には感情面の配慮があることは言うまでもありません。

相続対策は，対象者となる被相続人が亡くなるまでがデッドラインとなります。節税面では，デッドラインまでに相続税を0（ゼロ）にすることができるかどうかが重要です。加えて感情面においては，残される家族（孫の代）まで，円満な資産承継が行えるかを念頭においたスケジュール作成が望まれます。

また相続後においては，相続税の申告がない場合は，デッドラインがないため慌てずにスケジュールを組むことができますが，相続税の申告が必要な場合は，被相続人が亡くなってから10カ月以内に所轄税務署に申告を行わなければならないルールがあるため，スケジュール管理の徹底が求められます。なお相続税申告の業務フローは，図表9-2に示した流れが一般的です。

図表9-2　相続税申告の業務フロー

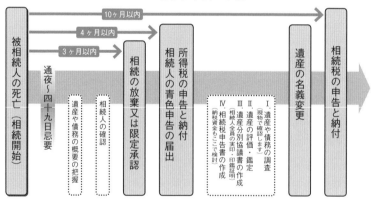

出所：辻本郷税理士法人公式ホームページより引用

(2)　プロジェクトの推進

相続支援事業は従来，司法書士，税理士，行政書士，弁護士などが，それぞ

れの資格における独占業務の範囲内で業務を行っていました。一方で顧客からは「それぞれの手続きで，別々の窓口に声がけをするのはとても大変である」といった話もよく出ていました。

　こうした背景から，筆者（佐藤）は一気通貫でサービスを提供するワンストップ・サービスを強みの一つとして，相続専門の士業グループ（相続支援チーム）を形成することを考えました。参加する士業らは，自身の専門分野で本業を持ち，それぞれの分野で信頼性の高い製品・サービスを提供している優秀なメンバーです。このため彼ら士業者を簡単に取りまとめることが難しいという課題が存在していました。同様のサービスを志向し，実行に移して士業グループを形成している団体も存在しますが，途中でそれぞれの本業が多忙になってコミュニケーションが図れなくなり，チームが解散してしまうなどの厳しい状況になってしまうというのが実態でした。

　それでは，プロジェクト推進の際，チームを取りまとめるためにはどのような点が重要になるかといいますと，リーダーシップとマネジメントスキルです。この2つの能力は一般にも広く知られているため詳細は割愛しますが，このスキルは相続支援チームの取りまとめに必要な条件となります。

　加えて相続支援事業において特有のスキルとなる不動産コンサルティングに関するスキルもプロジェクト推進において重要な役割を果たします。相続対策や相続支援事業には，不動産のプロの存在が欠かせません。なぜなら，顧客層の資産に占める不動産の割合は，実に42%近くに及ぶからです（図表9-3）。

　つまり相続対策や相続支援には，不動産の活用が欠かせないということです。相続後においても，相続人が相続された不動産をどのように保有・管理・運用するかによって，孫世代における資産の承継状況も変わりますので，不動産活用は欠かせないということになります。

　しかしながら，今まで相続手続きを担ってきた士業は，不動産について詳しいといえるのでしょうか。不動産鑑定士をはじめ一部の士業には，実際に不動産専門というカテゴリーを持って，支援事業を遂行している士業も出てきていますが，一般的に士業は，不動産に関する知識はあまり豊富ではありません。

図表9−3　相続財産内訳の推移

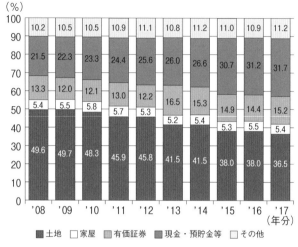

出所：国税庁（2020）を基に筆者作成

弁護士や司法書士であれば「法律」，税理士であれば「税務」には当然詳しいでしょう。

　古くから「餅は餅屋」と言いますが，それぞれ専門領域が違えば，当然ながら頼むところも違ってきて当然です。その点，相続に関するワンストップ・サービスに不動産の専門家，さらにいえば「顧客とコミュニケーションがとれて，リーダーシップとマネジメントスキルを持つ不動産専門家」が加わることにより，不動産サービス機能の強化を図ることができます。つまりそれぞれの専門性（強み）を活かして，価値を創造すべきであるということです。これにより，個々の専門家だけではできない業務ができるようになります。これまでの士業同士の縄張り争いのような"競争"では，既存業務の価格破壊を引き起こすのみとなります。顧客の課題を最大限解決する（付加価値を最大化する）ために，どうすれば良いかということを第一に考えなければなりません。これを実現するためには，それぞれの強みを持つ専門家と顧客が，互いに補完し合い解決する"価値共創"をしなければならないのです。

　相続支援チームの持続的な競争優位性を保つ条件の一つとしてあげられるの

は，不動産コンサルティングの専門家が全体を統括するというスキームです（図表9-4）。

図表9-4　不動産コンサルティングの専門家が統括する相続支援チームのスキーム例

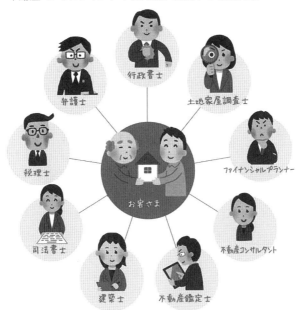

出所：筆者作成

　相続支援チームを率いていくために必要なのは，先のチームマネジメントに関するスキル（リーダーシップ：マネジメント），前章で記述したプロジェクトマネジメントに関するスキル（コミュニケーション，プレゼンテーション，ファシリテーション），そして業務面での不動産コンサルティングに関するスキルの3つのスキルです。このようなスキルは，大手企業に在籍していれば，各種研修制度が充実しているので，トレーニングの機会が多くあります。現時点ではなかなか独学で習得することは困難です。

　専ら技術的な部分については，各士業団体の充実した講習等でフォローできるものの，特にこうした相続支援チームを率いていくのに必要なスキルは，なかなか習得する術がないというのが実情です。

職業ケース ④ 税理士／行政書士

「プロジェクトチームの組成が士業にもたらすメリット」

自己紹介

税理士／行政書士・大塚英司（東京税理士会日本橋支部，税理士法人トゥモローズ代表税理士）

埼玉県所沢市出身。中央大学商学部金融学科卒業後，東日本税理士法人，新日本アーンスト・アンド・ヤング税理士法人（現 EY 税理士法人）に勤務。2015年税理士法人トゥモローズを設立し，代表税理士として現在に至る。

1．相続業務が難解であること

ひとことに"相続"といっても，被相続人の家族構成や財産規模・内容によって，また家族間の関係性や相続が発生するタイミングなどによっても，それぞれの抱える相続に関する問題や悩みは千差万別といえるでしょう。例えば，財産として不動産を多く所有する人は，漠然と多額の相続税が発生することに不安を抱えているかもしれません。また，ある人は自身の遺す財産を妻と子どもたちに対して如何にすれば上手く分けることができるのかと頭を悩ませ，ある人は親の残す財産を他の相続人より多く貰うべきだと考えているかもしれません。しかし，実際に相続問題に直面したときに，遺産を遺す被相続人は何から手を付ければよいのか，また，引き継ぐ相続人もどのように問題解決を進めればよいかなど，明確な答えにたどり着くことは難しいのが相続という問題です。

相続業務の難しさは，「民法・相続税法の知識」「遺産の種類に応じた財産評価」「難解な特例の適用関係」など，業務を進めるにあたり深い専門性を必要とし，かつ，その範囲が広域であるという点にあります。遺産という金銭的な価値が付くものをルールに従って評価し，民法に規定する法定相続分で分割を行っていく。これだけであれば，相続人自身で，若しくは，相続についてある程度の知識がある者の助けを借りて相続手続きを行うことができるかもしれません。また，昨今でいう AI や Tech などの活用により，専門家の助けなしに相続が完了するような時代も来るかもしれません。

しかし，相続問題の中で最も難解なことは，これらの財産評価や分割の間に，遺産を遺す被相続人の思いやそれを引き継ぐ相続人（ときには相続人の配偶者な

ど）の思いが入ってくることにあります。この"人の感情"が入ってきた瞬間に，相続人当事者間での解決やAIでは対応できない不合理な部分が生じてきます。民法で定められた法定相続分により分割を行うことや相続税法における減額の特例を最大限に活用するための分割方法など，論理的に合理的に考えた場合には一定の方法で遺産分割を行っていくことが有利であることが明確な場合が多々あります。しかし，「法定相続で分けるのは分かるが，残された母親の生活が心配になる」というような思い，「自分はずっと親の近くで面倒をみてきたのだから…」，「この方法によった場合には合理的かもしれないが，自身が望むような遺産分割にはならない」というような思いなど，人の感情という横やりが遺産分割を難しくさせます。

　この不合理な部分を解決していくことは当事者だけでは困難，かつ，AIにも対応できないことであり，この部分の手助けを行うことこそが本当の意味で相続専門を謳う士業や相続コンサルタントの役割といっても過言ではありません。

　全ての相続人や関係者が100%納得して相続を終えることは難しいかもしれませんが，ただ漠然と相続を終えるのではなく，相続の専門家が関与することによっていくつかの取り得る方法の提案があり，それらを当事者である相続人間で協議を行い選択をすることにより，被相続人が遺した思いのこもった遺産を相続人が思いを込めて相続していくことができるのだと考えています。

２．相続の中には専門領域が存在する

　相続の実務において士業が活躍できる機会は非常に多くあります。先述のとおり，相続に関する問題は多岐に渡るため，各問題を解決していくのにはそれぞれの場面で専門的な知識を有する必要があります。例えば，私たち税理士の場合には，相続税申告という税理士にのみ認められた業務があります。この申告という業務は税理士以外の者が行うことを業法の中で禁止していますし，そもそも税金に関するアドバイスを行うことすら，本来的には税理士以外の者が行ってはいけないこととなっています（この点を軽視してアドバイスをしている相続コンサルタントも実際には少なからずいますが…）。

　また，相続により引き継いだ土地や建物といった不動産の名義を変更する相続登記に関しては司法書士の業務となります。この部分も司法書士以外の他の士業や相続コンサルタントがタッチすることはできない業務となっています。

　そして，相続人間の関係性により争いとなるような場合，この"争続"に関しての相談や解決を行うことは弁護士の業務となります。この部分に他の士業やコンサルタントが介入することについても，非弁行為として業法上で禁止がされています。

　さらに，争う遺産分割において不動産価値を判別するために，不動産の適正な時価として鑑定評価額を用いる場合がありますが，この場合には不動産鑑定士の業務となります。

　このように，相続における一連の手続きにおいては，各場面で専門性が深い業務が発生しますが，これら手続きを一人の専門家が一手に引き受けて相続手続きを完了させることができないのが相続実務の実態です。もちろん，一つひとつの領域に対する専門性が高いため，全てを深度をもってこなせる者がいないこともありますが，上述のように業法で超えられないテリトリーもあるためです。

3．ワンストップで対応できるということの効果

　しかし，一生のうちに数回あるかないかの相続という経験をする相続人にとっては，専門性の違いや業法の境などということは分からないばかりか「じゃーどこに何を相談すればよいの？」と余計に相続をややこしくさせるだけです。

　少し前置きが長くなりましたが，ここに相続支援ビジネスをチームとして行うことのメリットが生じます。各士業や相続コンサルタントがチームを組成することで，窓口を一つに全ての相続問題に対応できる「ワンストップ」というサービスを提供することが可能となります。このことは，相続人にとってみると各場面においてそれぞれの専門家へ相談するという手間暇が省けるだけではなく，「相続」という大きな枠での問題に対して多角的に各専門家が対応をしてくれるといった安心感にもつながります。

　一方で相続業務に対応する士業にとっても，一つの相続に対して一つの窓口で対応することは，自身の業務へのショートカットにつながります。チーム内で情報共有を行いながら既に他の士業が収集した情報を基に，より効率的に業務を進めることが可能となります。また，自身の専門分野だけでは解決できないような案件に対してもワンチームで対応し，専門領域以外の部分について補完し合うことが可能となります。相続という分野は，各士業の属性をお互いに理解し合い立ち位置を分かり合うことで，より一層シナジーが高まる分野でもあるのです。

　また，士業は，基本的に個で活きる資格であり業務も個々で対応することがほとんどですが，相続業務について各士業がチームを組成し相続業務を進めることにより，専門性が多く集合するという優位性が生じます。これは，一人の専門家が相続に当たるのではなく，各分野に専門特化した多数の専門家が相続業務に当たるというアドバンテージを持ち，そのことを相続人にアピールできるということです。これにより，相続問題に悩む方々にとってはもちろん，請け負う士業側の大部分の悩みも包括して対応できることとなります。

　さらに，チームで相続業務を請け負うということは，自身を窓口としない相続相談をチームの他のメンバーが請け負ったことにより，一人では拾えなかった案件が派生し自身の業務として案件化する可能性があるということです。チームの構成員の一人が，その専門領域において請け負った相続業務があったとして，その相続案件には続きとして他の専門領域での手続きが生じる可能性が高いです。この場合には，チーム内で解決が図られるため，引き続きの手続きはそのチームの士業の案件として受注につながります。

　例えば，税理士が相続税申告の案件の相談を受け，申告案件の受注をしたとします。この相続税申告の財産の中には不動産が多数あり，遺産分割が困難な状況にあったとします。この場合において，想定される派生業務としては，先ずは分割困難な事由による争いが生じることです。このときは，先述のとおり弁護士案件として業務が派生します。また，分割を確定させるために不動産の価値を確定させる必要がありますが，時価の算定が難しいような不動産については不動産鑑定士案件として業務が派生します。そして，争いの結果，自身の依頼者が不動産を取得することとなった場合には，不動産の相続登記が必要となりますので，ここで司法書士案件として業務が派生します。このように，各士業は自ら営業をかけていないにもかかわらず，派生の案件として受注ができるわけです。

4．士業以外の相続コンサルタント

　相続業務の特色として，顧問業務のようなランニングでの収入源ではなく，スポットでの受注業務となることがあげられます。このことは，常に営業活動を続けてスポット業務を取り続けなければならないということです。しかし，士業の方は往々にして営業力やマーケティング能力に不安があるといった方が多いのが実状です。そもそも，士業になった要因の一つに会社員として働きたくない，自

分の専門性だけで稼いでいくといったある意味で競争社会に適合できないような人が士業を目指す側面もあります。もちろん，相続に携わる士業の方の中にも，独自の営業センスだけでクライアントを取り続けることができる方や突出したWeb Marketing を実施することでクライアントを獲得できる方々はいます。また，各種専門領域を内製化して相続業務にあたっている士業の方もいますが，このことに成功しているのはほんの一握りといえるでしょう。多くの士業は，自身の専門領域に対応することで手一杯となり，マーケティングや営業，その他相続領域の研鑽までこなすことはどんなに優秀な士業であっても難しいことです。

　したがって，プロジェクトチーム組成に際してのポイントとなるのが，士業以外のマーケティングや営業に長けた相続コンサルタントと組むことです。各士業は本業がある中でチームとしても動かなければなりません。しかし，限られた時間の中で本業以外のプロジェクトチームを組成し，動かしていくとなると相当な時間と労力を必要とします。そこで，この相続コンサルタントにチームを牽引し，推し進めていってもらう役割を期待するのです。このことも士業にとってプロジェクトチームを組成する大きなメリットです。

　この相続コンサルタントの適性としては相続業務の中で収益性が高い，若しくはコンスタントに収益を上げることができる者が望ましいです。そもそも，相続支援事業はチームを立ち上げたからといって直ぐに収益に直結するかといえばそのようなことは難しく，ある程度の期間の中で長い目でみていかなければなりません。また，多くの相続支援を行うチームが社団という人の集合体としての形態を採っていますので，一般の方からすると公益性が高く公共的なイメージがありますが，相談を受けたものの案件化や収益化しないようなケースが多々あります。このような中でも単発で大きな収益を上げられる者や案件の大小にかかわらず収益を上げられる者でなければ，チーム運営に労力をかけるに値しないためです。

5．相続支援ビジネスの展開におけるチーム組成のメリット

　以上をまとめますと，士業にとって相続支援事業ビジネスをチームで行うことのメリットは，ワンストップが実現可能な専門家集団として打ち出せること，そして各々の専門分野での業務を進めるにあたって相互に補完し合うことや業務を派生させ合うことができること，さらには営業やマーケティングといった実務以外の分野までも補えるといったことです。

　　相続支援ビジネスは，今後 20 年以上は続く多死社会において，間違いなくその
ニーズが増え続ける分野です。また，人口減少とそれに伴う超高齢化社会におい
ても，認知症をはじめとする様々な相続問題が発生します。
　　一方で，2015（平成 27）年の相続税の基礎控除の改正を契機としたメディアの
煽りや，ここ 10 年間における相続をキーワードとした Web Marketing の普及
に伴い，近い将来に相続問題に直面するであろう推定被相続人，相続人の相続に
対する関心度や知識は間違いなく高まってきています。こういった相続人は，一
定程度の知識を持った上で，自分たちが抱えている相続問題が特定の専門家だけ
では解決できないことを想定し，専門家を探します。このような中で，相続問題
に対して多角的に対応できる専門家がより一層求められ，そのニーズに応えるこ
とができる相続支援チームの社会的ニーズも増え続けるでしょう。

2．クロージングとフォロー

(1)　クロージング

　相続支援においては，プロジェクトをきちんと完了するクロージングが非常
に重要となります。相続資産という大切な財産および子どもや孫たちへの資産
承継を考えると，普通のクロージングとは異なることがお分かりかと思います。
その背景を考えれば，顧客もそう簡単には意思決定ができないことも理解でき
るでしょう。だからこそ，相続の専門家によるクロージングが必要となります。
　クロージングにおいて，専門家が気を付けなければならないことを経済面と
感情面の 2 点から考えてみましょう。
　経済面としては，顧客の意思決定にあたり，財産内容は勿論ですが，相続対
策の費用対効果についてミスがないかどうかがあげられます。例えば，個人経
営の士業の場合，経営のガバナンスとしてのダブルチェック・トリプルチェッ
クの体制が整っていないと，士業であったとしても数値上のミスが発生するこ
とがあるでしょう。組織力のある法人であっても昨今の大企業の不正やミスを
見れば，データについての取り扱いの難しさがお分かりと思います。

　相続においても当然ながらミスは許されるものではありません。少しの計算ミスが相続税の計算に影響を及ぼし，ひいてはその内容が相続人との間の感情面の亀裂につながってしまう可能性があるからです。

　感情面としては，対象となる顧客の意思確認は当然のことながら，他の親族に対して状況を共有しているかどうかという点がポイントとなります。相続問題の解決には，当事者一人で解決することがあまりないことが特徴としてあげられます。もっといえば当事者以外，相続人はもちろんのこと，相続人の配偶者や配偶者の両親など，第三者が口を挟んでくることもあります。

　これが相続人の間で揉める原因の一つになるのですが，感情面のクロージングにおいては，相続人以外に相続人の配偶者・配偶者の両親といった相続に関係する対象者の意思確認が重要となります。相続の専門家は，相続問題の解決においては窓口となる顧客だけをみて対応するのでは事足りません。顧客の周りの人間関係も十分に把握しながら，クロージングを行う必要があるのです。

(2)　フォローアップ

　相続支援業務のプロジェクトの流れにおいて，最も重要なのがこのフェーズです。一見すると，完了したことで顧客との関係も途切れると思われがちですが，相続支援事業においてはアフターサービスからが主業務であると捉えることが重要です。なぜなら相続支援事業は，次世代へ続く財産と感情面の承継は長期にわたり醸成されていくからです。ここでいう「長期的視点（時間軸でいう数十年単位）」を持てない相続支援事業者および担当は，顧客との関係性を一度見直したほうが良いでしょう。

　よく「相続資産は3代ですべてなくなる」という話があります。これは1代ごとの相続で多額の相続税を納めなければならないため，最後にはすべての資産が持っていかれてしまうということを端的に表現したものです。実際には，そこまで相続資産がなくなることはないものの，何も対策を講じなければ相続資産が増えることはなく減少していくのは当然です（相続発生時に相続財産に応じた相続税を納める必要があるからです）。

　つまりクロージング完了後になりますが，相続対策は点で考えるのではなく，点を結びつけて線として伸ばしていく必要があるのです。相続が発生した後も専門家は，相続問題の支援をする必要があることを強く認識しなければなりません。そしてその必要性を顧客にもしっかりと理解していただく必要があります。一代限りの相続対策で満足していては，顧客の相続財産は減っていくばかりです。クロージング後は，節税から資産運用へ方向を変える必要もあるでしょう。

　具体的なフォローアップ方法は割愛しますが，相続におけるフォローアップは，顧客一人ひとりに合わせたオーダーメードでのフォローアップが必要となります。これは顧客によって家族構成や資産状況が違うことが起因しています。したがい，家族構成や資産状況に応じてフォローアップを継続的に行うことができるかどうかが，相続支援事業者としての差別化要因となります。

職業ケース ⑤　　弁護士

「相続案件における弁護士としての取り組み方」

自己紹介

　弁護士・丸山純平（第二東京弁護士会，鳥飼総合法律事務所所属）

　神奈川県出身。中央大学法学部法律学科卒業後，東京急行電鉄㈱（現：東急㈱）に入社。都市開発部門及び法務部門に所属。在職中に司法試験合格。司法試験合格後に同社を退社し，司法修習を経て現在に至る。

1．相続案件に取り組む弁護士の使命

　近年，弁護士の数は増大しています。

　日本弁護士連合会が発行する弁護士白書によると，2000年には1万7,126人であった弁護士の数が，2019年には4万1,118人となり，この20年で約2.5倍と飛躍的に増え，これまで年々増加の一途を辿っています。このように弁護士人口が増大し，社会の隅々にまでリーガルサービスが行き届くことが期待されている社会において，リーガルサービスを支えるわれわれ弁護士は，国家や国民から信頼さ

れる存在であり続けなければなりません。

　弁護士法及び弁護士職務基本規程において，弁護士は，その使命が基本的人権の擁護と社会正義の実現にあることを自覚し，その使命の達成に努めるとされていることは，その表れであるといえます。

　一方，相続案件も増加しています。国税庁によると，2014年の相続税課税対象被相続人数は5万6,239人と当年分までほぼ横ばいの推移であったのに対し，2015年の人数は10万3,043人と前年に比べ約2倍に増えました。これは2013（平成25）年の税制改正における相続税の基礎控除の引き下げが影響しているものと考えられますが，従来，課税対象でなかった相続について課税対象となった結果，相続人間での相続財産の分け方，すなわち遺産分割協議にも大きな影響を及ぼしています。また，裁判所によると，全国の家庭裁判所での遺産分割事件の年間新規受件数について，1996年は1万194件であったものが，2016年には1万4,662件と，この20年で1.4倍に増加しています。

2．相続案件に関わる弁護士の使命とチャンス

　以上のように，弁護士数が増加する中，相続案件も増加しており，相続案件に関わることは弁護士業務の拡充を図るチャンスといえます。言うまでもなく，相続は被相続人と相続人をめぐる，家族や親族間に関わる事象であり，当事者間の関係性が長く深いことが特徴です。そして家族や親族間においては心情面を中心とした対立構造が生じることがあり，それに伴って相続トラブルが発生することも多いのです。また，人生100年時代の超高齢化社会へと進化する中での認知症高齢者の増加や，相続財産に占める不動産割合の高さ，核家族化に伴う家族関係の変容，民法改正に伴う諸対応など，相続発生前に弁護士が対応すべき事象も多くあります。

　このように相続案件には弁護士が関わる場面が多く，その際にも弁護士の使命である，基本的人権の擁護と社会的正義の実現を念頭に置いて臨む必要があることは言うまでもありません。加えてクライアントに寄り添い，対立関係を防止し，他方対立関係が生じている場合には迅速かつ適切な解決と対立関係の更なる深化を防止することは弁護士の使命の具体的内容といえます。

3．相続案件で弁護士に求められる役割

(1)　相続発生前

　国税庁によると，2012年の相続税申告状況について，相続財産に占める土地の割合が45.9%，家屋が5.3%と，不動産が50%を超えています。不動産は一般的に一物四価と言われており，評価額が一義的に決まらない点が問題点となりかねません。また，不動産そのものを分ける際にも形状や位置をめぐり問題になることが多いことから，相続発生後の遺産分割協議において相続人間で争いになることが多いといえます。

　そのような中，相続発生後の遺産分割協議での争いを防ぐためには相続発生前の遺言書作成は必須といえます。

　また，子どものいない夫婦で他方配偶者にのみ財産を渡したい（＝自分の兄弟姉妹には財産を渡したくない），子どもが多い，子ども同士の仲が悪い，特定の人間に財産を多く渡したい，自分が会社経営者であるなどの場合にも，相続発生前の遺言書作成は必要です。

　他方，厚生労働省によると，2012年現在，日本国内の認知症高齢者は約462万人，認知症予備軍といわれる方々は約400万人おり，2022年には認知症高齢者が700万人に達するといわれています。そして今後いわゆる団塊世代が後期高齢期（75歳以上）を迎える中，認知症高齢者は更なる増加が予想されます。認知症発症は一般的に「相続対策のデッドライン」といわれます。認知症を発症した方が法律行為を行う場合には，原則後見人をつける必要がありますが，婚姻や離婚，子の認知，養子縁組，遺言書の作成などの身分行為は本人の自由意思に基づいて行われることが必要となることから，後見人が本人を代理して行うことができません。すなわち，認知症を発症すると遺言書の作成が不可能となるのです。

　また，遺言書作成にあたっては厳格な法定要件が存在する中，弁護士や司法書士の関与の必要性は高いといえます。今般の民法改正で，自筆での遺言書（自筆証書遺言）の作成と保管方法に変更がありました。遺言書の財産目録をパソコンで作成することや預貯金通帳の写しを添付することが可能となり，法務局での遺言書の保管サービスも開始されます。しかし遺言書本文の作成は自筆の必要があり，法務局での保管サービス利用の際に遺言書の法律上の有効性の確認までは勿論行われません。また，遺言書作成にあたっては，遺留分への対応も必要です。このように遺言書作成にあたってリーガル面でのサポートの必要性は高いのです。

　人間だれしも，死への恐怖感や老いへの嫌悪感を持つものです。そのため，遺言書なんて作るのは嫌だ，遺言書を作るのは面倒だ，という方が多いのも実情です。しかし，相続発生後の遺産分割協議での争いを防ぐためには，早めの遺言書作成が肝要であり，遺言書作成の必要性を十分クライアントに説明することが求められます。

　さらに，民事信託の利用の検討も考えられます。認知症発症は相続対策のデッドラインといわれる中，遺言書作成は相続開始後の対策となります。そのため，認知症発症から相続開始前までの対策としては，後見制度の利用が多くなります。しかし，成年後見制度はあくまで本人のための制度であり，本人にとってプラスかマイナスか分からない行為を行うことができません。

　すなわち，後見開始後に本人の不動産を売却するには裁判所の許可が必要となり，逆に現金や預貯金を不動産に変えることはできないことから相続対策が不可能となります。そのような中，民事信託を利用することで認知症発症を見据えた相続対策が可能となるのです。ここでもリーガル面でのサポートが欠かせません。

(2)　相続発生後

　遺言書が作成されず，あるいは遺言書があっても有効ではない状態で相続が開始した場合，相続人間で遺産分割協議を行うこととなります。協議がスムーズに進めば良いのですが，時として対立することが多く，相続人間では解決できない場面も多く見受けられます。上述した通り，全国の家庭裁判所での遺産分割事件の年間新規受件数はこの20年で1.4倍に増加しており，今後も相続トラブルが増えることが予想されます。

　相続発生前の場面でも触れましたが，不動産の分け方や評価方法をめぐる対立が多く，他にも生前贈与の有無をめぐる争いや寄与分の主張などがあります。特に寄与分に関しては今般の民法改正で特別の寄与の制度が創設され，これまで認められていなかった，相続人以外の被相続人の親族にも寄与分の主張が認められるようになったことから，今後特別の寄与に関する主張が増加するものと思われます。

　他方，遺言書が作成されたとしても，相続人の遺留分が考慮されていない場合には遺留分をめぐる争いが発生する可能性が高いです。今般の民法改正で，遺留分制度についても見直しがあり，遺留分を侵害された相続人から遺贈や贈与を受

けた相続人に対する請求に関し，従前の遺留分減殺請求から新たに遺留分侵害額請求へと変更されました。これは従前，遺留分減殺請求権を行使すると，全ての相続財産に関して遺留分の割合で共有となっていたところ，円滑な資産承継や事業承継の弊害を防ぐという趣旨で金銭請求権へと変更されたものです。

　しかし，相続財産に不動産がある場合の不動産評価をめぐる争いや，売却する場合の手間やコスト，相続財産に自社株がある場合の株価評価をめぐる争いなど，様々なトラブルが想定されます。

　以上のような相続トラブルが発生した場合，弁護士が関与する場面は多くなります。当事者間での話し合いが困難な場合，家庭裁判所の調停や審判を利用することになりますが，手続きの進め方や主張立証の方法などにおいて一般の方にはハードルが高い場面が多く，弁護士の活用が効果的なものとなります。

4．相続案件に対する弁護士の取り組み方

　以上の通り，相続発生前後において，相続案件で弁護士に求められる役割はきわめて高いものといえます。但し，相続案件に対する取り組み方を意識する必要があります。

　弁護士は総じて「事件屋」になりがちです。私は，弁護士になる前，大学卒業後15年半にわたって会社で勤務する中，会社の顧問弁護士と協働する機会が多くありました。顧問弁護士事務所は複数あったのですが，その中のある事務所の先生には日頃から相談業務を多く依頼していました。ある時その先生に言われたことは衝撃的で今でも忘れることができません。「相談業務もいいけど，事件をくれませんか」。最初，何を言われているのか分かりませんでしたが，具体的な事件を求められているということを後になって理解しました。

　よく，弁護士は「社会生活上の医師」といわれます。弁護士がクライアントに事件を求めることは，医師が患者に病気になることを求めることと同じです。医師は患者の健康を願い叶えることが使命であるのと同様，弁護士はクライアントの紛争を防ぐことが使命なのです。事件を求めるような存在であってはならないと考えます。

　相続案件においても，相続発生前は争いに発展させない取り組みを行い，相続発生後に万が一争いが生じた場合には早期解決につながる取り組みを行わなければなりません。

　相続発生前は，クライアント及び家族，親族の関係性や状況を踏まえ，どのようなリスクが生じかねないのか，そのリスクが生じるとどのような問題があるのか，リスクを避けるためにはどのような方策があるのかを，あらゆる角度から検証し，クライアントに説明の上実行し，争いを避ける取り組みを行います。

　相続発生後に争いが生じた場合，いわゆる事件となりますが，その取り組みにおいて気を付けなければならないのが，クライアントとの接し方です。事件のみを見てクライアントを見ないということにならないよう，十分留意する必要があります。言うまでもなく，事件そのものに対し熱心に取り組むことが求められますが，それは法律家である以上，当然のことです。その上で弁護士はクライアントから依頼されている以上，クライアントの利益になることを追求するために様々な方策をあらゆる場面で検証し実行することを求められます。そして，クライアントが望む成果を上げるために，弁護士自身も不断の努力を重ねていくこととなります。その過程でクライアントと接することを決して忘れてはならないのです。

　上述した通り相続は家族や親族間に関わる事象であり，当事者間の関係性が長く深いことが特徴です。そのため，相続トラブルが発生すると，感情面での対立構造が顕著であり，解決まで長期化することも珍しくありません。長期化する中で，クライアントも心身ともに疲弊することが多いのです。そしてクライアントである相続人が高齢である場合も多く，体力的にも厳しい場面が生じかねません。そのような時に，弁護士は良き相談者，理解者であり，常にクライアントに寄り添う存在である必要があります。

　また，一般的に相続が発生する順序として，父親が他界し（＝一次相続），その次に母親が他界する（＝二次相続）こととなります。一次相続で配偶者がいる場合，配偶者である母親も相続人となりますが，まずもって母親であること，そしてその母親が高齢となり生活面での支援も必要となることや，相続税申告において配偶者控除を利用できることから，母親に多く分配することが多く，それに異論を唱える子もさほど多くはないといえます。

　問題は二次相続です。二次相続では母親がおらず，多くの場合，兄弟姉妹での相続となります。兄弟姉妹には長く深い関係性がある他，結婚によってそれぞれの家庭を持つことが多く，相続人の妻や夫，子も含め，対立構造が生じやすいのが現状です。

　この場合，クライアントである相続人の他，妻や子への配慮も欠かせません。今般の民法改正で特別の寄与の制度が創設され，相続人以外の被相続人の親族である妻や子にも寄与分の主張が認められるようになったことから，その点での取り組みも視野に入れておく必要があります。

　以上から，相続案件に取り組むにはクライアントの言葉に耳を傾け，心から理解し，受け入れること，そしてクライアントの信頼を得ることが必要不可欠となるのです。

5．相続案件における他士業等との連携の重要性

　相続案件は弁護士のみならず，税理士，司法書士，不動産鑑定士，不動産事業者，葬祭事業者，保険事業者等の様々な専門家が関わることになります。その上で欠かせないのが，これらの他士業等との連携です。

　相続開始前は相続対策が基本となりますが，その三本柱とされているのが，①分割方法の検討，②相続税納税資金の検討，③相続税納税方法の検討です。①の分割方法の検討では，遺言書の作成や民事信託の検討にあたって司法書士や不動産事業者との連携，相続財産評価にあたって不動産鑑定士や不動産事業者との連携，②の相続税納税資金の検討や③の相続税納税方法の検討では，税理士や不動産事業者，保険事業者との連携が欠かせません。

　相続開始後は状況に応じます。まず欠かせないのは相続税申告であり，この点は税理士との連携が必須です。また，不動産の売却にあたっては，不動産事業者の他，司法書士や不動産鑑定士との連携が生じてきます。

　一般的に弁護士が登場するのは，相続トラブルが生じる場面となりますが，相続税納税や遺産分割の場面で迅速かつ適切な対応を求められることが多くなります。上述したように相続案件に取り組むにはクライアントの信頼を得る必要がありますから，同様に信頼できる連携先を持つことが必要となるのです。相続案件も「ONE TEAM」で取り組むことが重要といえます。

　この世に人間が存在する以上，間違いなく相続は発生し，今後更なる高齢化社会の出現により，相続案件は増加していきます。そのような状況下，弁護士が相続案件に関わるのは社会的使命ともいえます。弁護士に求められる役割を踏まえ，相続案件に真摯に取り組み，他士業等と適切に連携する姿勢を持ち，相続案件に取り組むことを共に実践していきましょう。

3．ケーススタディ

　それぞれの異なる3つのケーススタディからは，顧客ニーズの把握やプロジェクトの推進方法，フォローアップ方法まで具体的に記載しています。プロジェクトの流れをつかむために，ポイントを押さえながら読んでいただければと思います。

※掲載したケースは，筆者らが実際に相談を受けて推進した事例を基に作成しています。事案や家族構成，年齢等については適宜修正をしています。

〈ケース1〉

「相続資産が多く相続人の間で意見の相違がある相続税申告手続き」のケース

【家系図】

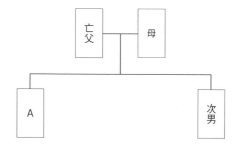

【状況】

- 家族構成はA氏（長男，依頼主），父（亡），母，弟（次男）
- 父は先に亡くなっている
- 今回，母が亡くなり兄弟での相続
- 母は父から相続した賃貸マンションやアパートを所有していた
- 弟は金遣いが荒く職業も転々としていてA氏とウマが合わなかった
- 相続に関して相談先がなかった

【実際の相談内容】

　先週，82歳の母が亡くなりました。父は先に他界しており，母は同居していた私にすべての財産を相続させるという遺言書を残していました。私は二人兄弟の長男で弟がいます。弟は金遣いが荒く，職も転々としてお金に困っているようです。しかし，母は同居して最後まで面倒を見た私にすべての財産を残したいと考えて，このような遺言書を作ったようです。母は，生前からマンションやアパートを所有して賃貸収入を得ていました。私の将来の生活のために賃貸不動産を所有しているのだと，母はよく言っていました。

　先日，葬儀が終わってから弟とあらためて話をする機会がありました。弟は私に対して母の財産は半分ずつ分けようと言ってきました。それに対して私は，母が財産をすべて私に相続させるという遺言を残しているから，半分ずつ分けることはできないと弟に伝えました。すると，弟は「俺にも遺留分というものがあるはずだから，俺にも財産をもらう権利はあるはずだ」といったことを言って立ち去りました。私は法律にくわしくないので，その遺留分というものがどういうものなのかよく分かりません。相続税を払わないといけないということは，父が亡くなったときに母と相続税の申告の手続きをしたので理解しています。しかし，仮に弟が言うような遺留分というものがあるとしても，このまま相続の手続きを進めてよいのでしょうか。それを知りたくて専門家に問い合わせて相談してみました。

【相続支援の結果】

ニーズ確認・把握

　当センターで詳しく話を聞いたところ，A氏の母には賃貸不動産を含めて複数の不動産があるようでした。A氏は次男がどのような対応をしてくるのか分からず怖がっていました。母の意思を大切にするためにもまずは早急に遺言にのっとって手続きを行いたいという意思を感じました。

プロジェクトチーム組成

　このため，税理士と司法書士でチームを作り，まずは財産がどれだけあるのか調査することにしました。

　相続の対象となる財産の額が3,000万円＋（600万円×法律で決められている相続人の数）を超える場合，相続税の申告を行う必要があります。A氏の場合，法律で決められている相続人はA氏と次男の2人だけなので，相続の対象となる財産の総額が，3,000万円＋（600万円×2人）＝4,200万円を超える場合は相続税を申告して納付する必要があります。

現状調査・分析

　私たちの調査の結果，A氏の母には，亡くなった時点で，住んでいた土地と建物，賃貸している複数のマンションやアパートに加えて，預貯金や株式など合計で約5億2,000万円分の財産があったことが分かりました。そのため，A氏が相続税の申告を行う必要があることになります。

提　案

　A氏が気にしている遺留分ですが，この場合，次男にも相続財産の総額の4分の1にあたる財産について遺留分という権利があります。これは権利を使ってはじめて法律的な意味が生まれてくる権利です。そのため，遺留分の権利者である次男が，遺留分侵害額請求権という権利を使ったときに，遺留分の対象になる財産の所有権が次男に移るということになります。

　そうすると，次男がこの権利を使うまでは，次男に財産が移るかわからないので相続税の申告ができないようにも思えますが，そんなことはありません。このような場合も，遺留分侵害額請求権が使われるまでは，それをないものと扱って相続税の申告をすることができることになっています。

価値創造（富の最大化）

　チームはすみやかに，A氏が母のすべての財産を相続したという内容の相続

税の申告書を作成し，必要な書類もそろえて税務署に提出しました。A氏もその内容の相続税を納めました。賃貸不動産は通常の不動産に比べて納税額が少なくて済む上，不動産経営のために金融機関から借入をした債務があれば，納税額はさらに少なくて済みます。

クロージング

　思っていたよりも少ない納税額で済んだとA氏は大変喜んでいました。もし，後で次男が遺留分侵害額請求権を使った場合には，更正の請求をすることができます。この請求をすることで，払いすぎた税金を返してもらうことができます。

フォローアップ

　A氏は，最初に来所された際には不安でいっぱいだったようです。しかし相続ワンストップ・サービスを利用したことで，相続についての疑問が解消し，先の見通しも立って不安もなくなったと感想を述べられていました。

〈ケース2〉
「町工場を経営し長男に事業承継したい相続対策」のケース

【家系図】

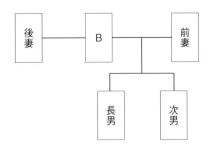

【状況】

- B氏（依頼主），後妻，長男，次男の4人家族，前妻（長男，次男の実母）
- 工場経営にかかる事業承継に悩んでいる
- 長男に会社を継がせたいと思っている
- 長男と次男は後妻との関係が良くない

【実際の相談内容】

　私は30年以上にわたって鉄筋工場を経営してきました。従業員も増えてきて20年前からは株式会社として経営しています。しかし，私も還暦を迎え，このごろは後継者にどうやって会社を引き継ぐべきか悩むようになりました。

　工場では長男（35歳）と次男（31歳）が一緒に働いていますが，私は長男に会社を継がせたいと考えています。しかし，長男はまだ経験が足りませんし，私もあと10年は働けるので，すぐに継がせるつもりはありません。これから10年かけて少しずつ長男に経験をさせながら，徐々に経営権を移したいと思っています。私のような場合，どのような方法で会社を継がせれば良いのかを知りたくて，専門家に相談することにしました。

【相続支援の結果】

ニーズ確認・把握

　私たちは，B氏の話を聞いて，相続で会社を継がせるのではなく，「信託」の方法で継がせる方が良いと回答しました。話を聞くと，B氏は，長男と次男の母親である前妻と離婚しています。その後再婚し，現在は後妻が妻となっています。B氏が亡くなった場合には，現在の妻である後妻が2分の1，子の長男と次男がそれぞれ4分の1の割合で会社の株式を相続することになります。

現状分析

　しかし長男と次男は，後妻が財産目当てでB氏と結婚したと考えているため，後妻とは仲が良くありません。このような状態で後妻，長男，次男の3人が相続で株式を共有することになれば，会社の経営は混乱することになります。そして，共有状態を解消するための遺産分割協議もすぐには成立しない可能性があります。そのため，このような場合は，相続ではなく，もっと争いが生じないような方法で長男に会社を継がせる必要があります。

提　案

　B氏の相談に対し，私たちは自信を持って「信託」の方法を勧めました。「信託」を利用すれば，B氏が亡くなる前に株式を長男に移すことができる一方で，B氏が経営を指図することができます。私たちは弁護士と税理士でチームを組んで，B氏と長男が結ぶ信託契約の契約書を作成しました。この契約書は，株式の管理や処分の権限をB氏から長男に委託して，B氏は株式の配当などの利益を受ける者になるという内容になっています。そして，株式の議決権の使い方を指図する権利をB氏に残しておくことで，B氏は必要なときに会社の経営に携わることができるような内容になっています。

　その上で，B氏が死亡したときに信託契約を終了するという内容になっているので，B氏が亡くなった後は，長男がすべての株式と決定権を持つ者としてスムーズに経営を行うことが可能になっています。この信託の方法を使うことで，B氏は安心して会社を長男に継がせることができます。

価値創造（富の最大化）

　B氏から相談を受けた後，すみやかに財産の状況を調査した上で信託契約書を作成し，B氏の悩みを解決することができました。このような場合，相続の方法だけを回答する専門家も多くいます。しかし，チームの専門家は，相続だけでなく，信託についての知識や経験も豊富なため，相談者の様々なニーズに合った解決方法を提案することができます。

クロージング

　今回の相談では，信託というB氏が考えてもみなかった方法を私たちが提案し，短期間でB氏の悩みを解決できました。そして信託手続きについても費用対効果があったことからB氏は満足したようです。

フォローアップ

　事業承継は一通りの手続きが完了したからといって終わりというわけではありません。家族や会社の状況は刻一刻と変化していきます。私たちも外部環境や内部環境の変化にあわせ経営コンサルティング領域のサービスも提供させていただきました。2代，3代にわたる円滑な事業承継を事業者も顧客側も意識し続けることが大切なのです。

〈ケース3〉
「不動産を多く所有する地主の相続対策」のケース

【家系図】

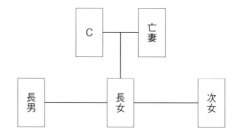

【状況】

・C氏，妻（亡），子ども3人
・妻は去年亡くなっている。子どもたちもそれぞれ独立して過ごしている
・C氏は300坪以上の広い土地に一人で住んでいる

- C氏は体調を崩すことが多くなり広大な自宅での生活が厳しくなってきている
- 今後，どうしてよいかわからない状況である

【実際の相談内容】

　私は，生まれてからずっと先祖代々受け継がれてきた300坪以上ある広い土地にある一軒家で暮らしてきました。しかし，3人いた子どもたちもみんな家庭を持って独立し，妻も去年亡くなったため，今は古くなった広い家に一人で暮らしています。今年に入って病気で入院したこともあって，この頃は自分が亡くなった後のことを考えることが増えました。今住んでいる建物と土地は，子どもたちが住んでいる街中からは遠く離れているため，ここに住むのは私が最後になりそうです。

　この土地を処分して一人で暮らすのに合った家に引っ越すべきか悩んでいます。このままこの土地と家を残したまま子どもに相続させた方が良いのか，それとも私が処分してから相続させた方が良いのか，自分ではよく分かりません。

　どのような形で子どもたちに相続させるのが良いかを相談したくて，専門家に問い合わせてみました。

【相続支援の結果】

ニーズの明確化

　C氏の問い合わせ後，すぐに相談の日程が決まり，直接C氏とお会いして，ゆっくり話を聞かせていただきました。C氏としては，広い家に一人で住むのは寂しいようで，本音では引っ越したいということですが，先祖代々受け継がれてきた土地を手放して良いものか悩んでいる様子でした。

　相続対策の専門家である私たちは，C氏の意向を踏まえた上で，相続人となる子どもたちの考えも知る必要があると考え，C氏の同意を得て，子どもたちがこの土地を受け継ぐつもりがあるかを確認することにしました。

　3人の子どもたち一人ひとりと直接面談して，事情を伝えた上でゆっくり話

を聞かせていただきました。その結果，子どもたちは全員，通勤や家族の通学に便利な街中にある現在の自宅を離れるつもりはなく，土地を受け継いでもすぐに売却するつもりであることが分かりました。

プロジェクトチームの組成

このような子どもたちの意向を踏まえて，不動産コンサルタント，不動産鑑定士，税理士，司法書士で相続対策チームを組成しました。

提　案

税金対策やスムーズで争いの起こらない相続のために，C氏にとってベストな相続対策を提案しました。子どもたちが土地を受け継いでも売却するつもりであるなら，C氏が土地を守り続ける必要はないので，C氏の意向も踏まえて土地を売却することを提案しました。そして，売ったお金で新たに街中に土地を買い，賃貸アパートを経営することを提案しました。アパートを建てるための資金は銀行から1億円の融資を受けることを提案しました。

このような提案をした理由は，融資を受けることで相続税を大きく減らすことができることにあります。売却した資金をそのままC氏が持っていると莫大な相続税がかかってしまいますが，新たに土地を買って，融資を受けてアパートを建てることで相続税を大幅に減らすことが可能になります。この方法では，相続される金銭自体は減りますが，賃貸アパートは毎月賃料という形で新たなお金を生むので，結果的に子どもたちの生活を楽にすることが可能になります。ちょうど，このアパートの近くには大企業の進出が相次いでおり，一人暮らしの社会人向けアパートの需要は当分なくなりそうにありません。

価値創造（富の最大化）

続いて，税金対策だけでなく，争いのないスムーズな相続のためにC氏の意向を丹念に確認した上で，公正証書遺言を作成する手続きを行いました。C氏としては，賃貸アパートの土地と建物は長男に相続させ，それ以外の財産は他

の2人に相続させたいということだったので，そのような内容の遺言を作成しました。これらの手続きをすべて行い，売却から登記の手続きまでスムーズに終えることができました。

クロージング

　C氏は土地を手放すことにはなりましたが，毎月多額の賃料収入が入ってくるので，融資の返済資金を差し引いても，C氏が生活資金に困ることはありません。税金対策だけでなく，新たな収入まで手にすることができたことにC氏はとても喜んでいました。

フォローアップ

　なお，C氏は高齢ということもあり，子どもたちも心配していたことから認知症対策に信託契約も締結する段取りをとりました。これで万が一C氏が認知症になっても子どもたちは追加的に相続対策を行うことができます。保険と同じように万が一があるのが相続です。長期的な視点に立ってサポートを行うことが大切なのです。

おわりに

　本書が完成するまで，筆者らは相続支援事業に関して多くの時間を費やしてディスカッションをしてきました。この中で我々は，個人を支援する相続コンサルティングに必要となる知識やスキルと，企業を支援するコンサルティングに必要となる知識やスキルが，対象こそ異なりますが，根本的に共通する部分が多いということに気づかされました。

　そこで我々は，これまで経験してきた相続実務と経営学の知見の融合により，今後誰にでも発生することが予想される「相続問題」を解決する事業開発の理論と実践方法について，体系的に整理することができるのではないかという考えに至りました。この結果，本書で取り扱うテーマについて，理論と実践の両面から「相続問題を解決する相続支援事業の開発を経営学的アプローチにより体系化すること」としました。

　これを進めていく過程で我々があらためて認識したことは，これから先どんなに時代が変容しても，人類の歴史が続く以上，個人が財産と想いを受け継いでいく"相続"という行為はなくなることはないということ。そしてどんなにICTが進化し，相続を支援する業務自体の高度化が進展したとしても，"人の心"に寄り添わない限り相続は決して完結しないということです。

　つまり相続が続く中で，刻々とうつろう人の感情への配慮を欠けば，財産を公正に配分するということは難しくなるということです。これが，相続が増え続けるこれからの社会において，自らも相続年齢を迎えている筆者らが，相続支援の本質であると感じていることです。

　本書を手に取っていただいた一人でも多くの方々に，こうした意図と相続支援事業の開発・展開手法を身に付けて，活用していただけるのであれば，筆者としてこれほど嬉しいことはありません。

　なお本書の出版に際して，これまで多くの皆様にお世話になりましたことをお伝えしておきたいと思います。二人が共に通ったビジネススクール時代には，

小具は簗瀬允紀先生（国士舘大学経営学部客員教授），佐藤は前田文彬先生の
ゼミナールにて，本書の企画へと繋がる経営学のフレームワークを活用して実
務を実践することの意義と楽しさを教えていただきました。

　また小具は博士課程において，指導教授である亀川雅人先生（立教大学名誉
教授／文京学院大学副学長・経営学研究科特任教授），鈴木秀一先生（立教大
学大学院経営学研究科・経営学部教授）から，教育研究者としての在り方をご
指導いただき，現職へと繋がる道を導いていただきました。先生方のご指導が
なければ，現在のキャリアを築くことはできませんでした。心より感謝いたし
ます。

　筆者らの前職時代から，様々な示唆を与えてくださっている同僚，共同研究
者，実務家，クライアント，ビジネススクールおよび博士課程の同窓生等多く
の皆様に厚く御礼を申し上げます。紙面の都合上，すべての方のお名前を挙げ
ることは控えさせていただきますが，本書はこうした方々のお力添えに多くを
負っています。そして今回，相続支援事業の専門家として，第一線でご活躍
されている大塚英司氏（税理士・行政書士），丸山純平氏（弁護士），三浦美樹氏
（司法書士），森田努氏（不動産鑑定士）には，職業ケースの寄稿および各士業
における相続支援業務に関する監修をいただきましたことに感謝申し上げます。
同時に二松学舎大学国際政治経済学部小具ゼミナールの学生たちと一般社団法
人さいたま幸せ相続相談センターの城和信太郎氏・久保田俊氏への感謝を記し
ておきます。日々のゼミや実務を通した活動の中から得られた情報やヒントが，
本書のいたるところに散りばめられております。

　また本書の企画段階から，各種調整および編集の労をお取りいただいた株式
会社学文社の田中千津子社長には大変お世話になりました。この場をお借りし
て，ご協力いただいた皆様に心より感謝申し上げます。

　最後に，いつも筆者らの活動を支えてくれているそれぞれの家族（両親・義
親，妻と2人の子どもたち）に深く感謝します。

2020年11月吉日

小具龍史・佐藤良久

付　録

各士業の独占業務と士業法

【弁護士】
民事事件：法律相談，和解・示談交渉，訴訟や行政庁への不服申立等の法律事務。
刑事事件：弁護人として被疑者や被告人の弁護活動。

弁護士法
　　（非弁護士の法律事務の取扱い等の禁止）
　第72条
　弁護士又は弁護士法人でない者は，報酬を得る目的で訴訟事件，非訟事件及び審査請求，異議申立て，再審査請求等行政庁に対する不服申立事件その他一般の法律事件に関して鑑定，代理，仲裁若しくは和解その他の法律事務を取り扱い，又はこれらの周旋をすることを業とすることができない。ただし，この法律又は他の法律に別段の定めがある場合は，この限りでない。

【税理士】
納税者に代わって税務申告を行う税務代理，税務書類の作成，書類提出の代行，税務相談等を提供。

税理士法
　　（税理士業務の制限）
　第52条
　税理士又は税理士法人でない者は，この法律に別段の定めがある場合を除くほか，税理士業務を行つてはならない。

【司法書士】
登記又は供託手続の代理，裁判所・検察庁・法務局への提出書類作成，これらに伴う相談等を提供。

司法書士法
　　（業務）
　第3条
　司法書士は，この法律の定めるところにより，他人の依頼を受けて，次に掲げる事務を行うことを業とする。
　一　登記又は供託に関する手続について代理すること。
　二　法務局又は地方法務局に提出し，又は提供する書類又は電磁的記録（電子的方

式，磁気的方式その他人の知覚によっては認識することができない方式で作られる記録であつて，電子計算機による情報処理の用に供されるものをいう。第四号において同じ。）を作成すること。ただし，同号に掲げる事務を除く。

三　法務局又は地方法務局の長に対する登記又は供託に関する審査請求の手続について代理すること。

四　裁判所若しくは検察庁に提出する書類又は筆界特定の手続（不動産登記法（平成16年法律第123号）第6章第2節の規定による筆界特定の手続又は筆界特定の申請の却下に関する審査請求の手続をいう。第八号において同じ。）において法務局若しくは地方法務局に提出し若しくは提供する書類若しくは電磁的記録を作成すること。

五　前各号の事務について相談に応ずること。

（非司法書士等の取締り）

第73条

　1．司法書士会に入会している司法書士又は司法書士法人でない者(協会を除く。)は，第3条第1項第一号から第五号までに規定する業務を行つてはならない。ただし，他の法律に別段の定めがある場合は，この限りでない。

　2．協会は，その業務の範囲を超えて，第3条第1項第一号から第五号までに規定する業務を行つてはならない。

　3．司法書士でない者は，司法書士又はこれに紛らわしい名称を用いてはならない。

　4．司法書士法人でない者は，司法書士法人又はこれに紛らわしい名称を用いてはならない。

　5．協会でない者は，公共嘱託登記司法書士協会又はこれに紛らわしい名称を用いてはならない。

【行政書士】

官公署に対する提出書類の作成・代理等。

行政書士法

（業務）

第1条の2

　1．行政書士は，他人の依頼を受け報酬を得て，官公署に提出する書類（その作成に代えて電磁的記録（電子的方式，磁気的方式その他人の知覚によつては認識することができない方式で作られる記録であつて，電子計算機による情報処理の用に供されるものをいう。以下同じ。）を作成する場合における当該電磁的記録を含む。以下この条及び次条において同じ。）その他権利義務又は事実証明に関する書類（実地調査に基づく図面類を含む。）を作成することを業とする。

２．行政書士は，前項の書類の作成であつても，その業務を行うことが他の法律において制限されているものについては，業務を行うことができない。

（業務の制限）
第19条
１．行政書士又は行政書士法人でない者は，業として第１条の２に規定する業務を行うことができない。ただし，他の法律に別段の定めがある場合及び定型的かつ容易に行えるものとして総務省令で定める手続について，当該手続に関し相当の経験又は能力を有する者として総務省令で定める者が電磁的記録を作成する場合は，この限りでない。
２．総務大臣は，前項に規定する総務省令を定めるときは，あらかじめ，当該手続に係る法令を所管する国務大臣の意見を聴くものとする。

【不動産鑑定士】
不動産鑑定が独占業務で，不動産の鑑定評価の他に，調査・分析・コンサルティング等を提供。

不動産の鑑定評価に関する法律
　　（不動産鑑定士でない者等による鑑定評価の禁止）
第36条
不動産鑑定士でない者は，不動産鑑定業者の業務に関し，不動産の鑑定評価を行つてはならない。
２　不動産鑑定業者は，その業務に関し，不動産鑑定士でない者に不動産の鑑定評価を，第四十条第一項又は第二項の規定による禁止の処分を受けた者に鑑定評価等業務を行わせてはならない。

出所：「行政手続のオンライン利用の促進」（総務省）
　　　https://www.e-gov.go.jp/doc/facilitate/index.html（2020年３月12日閲覧）

170

参考文献

Aaker, D.A.（1991）*Managing Branding Equity : Capitalizing on the Value of Brand Name*, Free Press.（陶山計介・中田善啓・尾崎久仁博・小林哲訳『ブランド・エクイティ戦略―競争優位をつくりだす名前，シンボル，スローガン』ダイヤモンド社，1994）

Aaker, D.A.（1996）*Building Strong Brands*, Free Press.（陶山計介・梅本春夫・小林哲・石垣智徳訳『ブランド優位の戦略』ダイヤモンド社，1997）

Aaker, J.L.（1997）"Dimensions of brand personality", *Journal of Marketing Research*, Vol.34, No.3, pp.347-356.

Akerlof, G.A.（1970）"The market for 'Lemons' : Quality Uncertainty and the market Mechanism", *Quarterly Journal of Economics*, Vol.84, No.3, pp.488-500.

Ansoff, H. I.（1965）*Corporate Strategy: An Analytic Approach to Business Policy for Growth and Expansion*, New York, NY : McGraw Hill, Inc., 1965.（広田寿亮訳『企業戦略論』産業能率大学出版部，1969）

Barney, J.B.（2001）*Gaining And Sustaining Competitive Advantage*, Second Edition, Prentice-Hall.（岡田正大訳『企業戦略論（上・中・下)』ダイヤモンド社，2003）

Chesbrough, H.（2003）*Open Innovation : The New Imperative for Creating and Profiting from Technology*, HBS Press.（大前恵一朗『OPEN INNOVATION ハーバード流 イノベーション戦略のすべて』産業能率大学出版部，2004）

Fombrun, C.J. & Van Riel, C.B.M.（2004）*FAME & FORTUNE : How Successful Companies Build Winning Reputations,* Financial Times Pretic Hall.（花堂靖仁監訳『コーポレート・レビュテーション』東洋経済新報社，2005）

Kim, W. C. & Mauborgne, R. A.（2005）*Biue Ocean Strategy: How to Create Uncontested Market Space and Make the Competition lrrelevant*, Boston, Massachusetts: Harvard Business School Press.（有賀裕子訳『ブルー・オーシャン戦略：競争のない世界を創造する』ランダムハウス講談社，2005）

Kotler, P.（1999）*Kotler on marketing : How to Create, Win and Dominate Markets*, Free Press.（木村達也訳『コトラーの戦略的マーケティング：いかに市場を創造し，攻略し，支配するか』ダイヤモンド社，2000）

Kotler, P.（2000）*Marketing Management Millenium Edition*, Prentice Hall.（恩蔵直人監訳，月谷真紀訳『コトラーのマーケティング・マネジメントミレニアム版（第10版)』ピアソン・エデュケーション，2001）

Lovelock, C.H. & Lauren, K.W.（1999）*Principles of Service Marketing and Management*, Upper Saddle River, NJ : Prentice Hall.（小宮路雅博監訳，藤井大拙・高畑泰訳『サービス・マーケティング原理』白桃書房，2002）

O'Reilly, C.A. & Tushman, M.L.（2016）*Lead and Disrupt : How to Solve the Innovator's Dilemma*, Stanford University Press.（入山章栄監訳・渡部典子訳『両利きの経営』東洋経済新報社，2019）

Osterwalder, A. & Pigneur, Y.（2010）*Business Model Generation : A handbook for visionaries, game changers and challengers*, John Wiley and Sons, Inc., 2010.（小山龍介訳『ビジネスモデル・ジェネレーション ビジネスモデル設計書』翔泳社，2012）

Porter, M.E.（1980）*Competitive Strategy*, Free Press.（土岐坤・中辻萬冶・服部照夫訳

『［新訂］競争の戦略』ダイヤモンド社，1995)

Porter, M.E.（1985）*Competitive Advantage*, The Free Press.（土岐坤・中辻萬治・小野寺武夫訳『競争優位の戦略―いかに好業績を維持させるか』ダイヤモンド社，1985)

Porter, M.E. & Kramer, M.R.（2006）*Strategy & Society, the Link between Competitive Advantage and Corporate Social Responsibility*, Harvard Business Review, Vol.84, No.12, pp. 78-92.

Prahalad, C.K. & Hamel, G.（1990）"The Core Competence of the Corporation", *Harvard Business Review*, Vol.68, pp.79-91.

Prahalad, C.K. & Hamel, G.（1994）*Competing for the Future*, Harvard Business School Press.

Prahalad, C.K. & Ramaswamy, V.（2004）*The Future of Competition*, Harvard Business Review Press.（有賀裕子訳『コ・イノベーション経営』東洋経済新報社，2013)

Salovey, P. & Mayer, J.D.（1990）"Emotional intelligence", *Imagination, Cognition and Personality*, 9, pp.185-211.

Vargo, S.L. & Lusch, R.F.（2004）"Evolving to a New Dominant Logic for Marketing", *Journal of Marketing*, Vol.68, No. 1.

青木幸弘・女性のライフコース研究会（2008）『ライフコース・マーケティング：結婚・出産・仕事の選択をたどって女性消費の深層を読み解く』日本経済新聞出版社

青木幸弘・新倉貴士・佐々木壮太郎・松下光司（2012）『消費者行動論―マーケティングとブランド構築への応用―』有斐閣

青木幸弘（2019）「ライフコース視点での消費者行動研究：その方向性と課題（瀬見博士記念号）」『商学論究』関西学院大学商学研究会，66（ 3)，pp.33-56.

東優・祖父江慶彦（2014）『相続コンサルタントの実務マニュアル―資産承継を総合的に支援する』中央経済社

池上和範・田川宜昌・真船浩介・廣尚典・永田頌史（2008）「積極的傾聴法を取り入れた管理監督者研修による効果」『産業衛生学雑誌』50（ 4)，pp.120-127.

大江建（2008）『なぜ新規事業は成功しないのか「仮説のマネジメント」の理論と実践　第 3 版』日本経済新聞社

小具龍史（2007a）「国内企業における企業評判の評価とその特徴に関する分析」『広告科学』日本広告学会，pp.95-113.

小具龍史（2007b）「CSR と企業ブランド」亀川雅人・高岡美佳編『CSR と企業経営』学文社，pp.190-192.

小具龍史（2008）「ブランド価値による企業価値創造」亀川雅人編『企業価値創造の経営』学文社，pp.89-106.

小具龍史（2020）「日本企業による新市場創造型イノベーションへの解」亀川雅人・粟屋仁美・北見幸一編『市場とイノベーションの企業論』中央経済社，pp.25-35.

恩蔵直人（1995）『競争優位のブランド戦略』日本経済新聞社

亀川雅人（2019）『最新500項目　経営学用語ハンドブック』創成社

岸田さだ子（2012）「ホスピタリティ概念の類型化と現代的意義」『甲南女子大学研究紀要』甲南女子大学，第48号，pp.31-38.

グロービス経営大学院（2019）『［改訂 4 版］グロービス MBA マーケティング』ダイヤモンド社

経済産業省・厚生労働省・文部科学省編（2013）『2013年版　ものづくり白書』経済産業調査会

古賀智敏（2005）『知的資産の会計』東洋経済新報社

齋藤嘉則（2010）『新版　問題解決プロフェッショナル―思考と技術』ダイヤモンド社

佐藤良久・石川宗徳・森田努・島根猛・近藤俊之・幾島光子（2017）『円満相続をかなえる本』幻冬舎

張婧（2016）「小売店頭における価値共創マーケティング―従業員と顧客の相互作用を中心に」『Japan Marketing Journal』Vol.5，日本マーケティングカンファレンス・プロシーディングス，pp.287-298.

堀田直宏・加瀬義明・川口博之・大澤健司・佐藤良久（2017）『相続コンサルの奥義』プラチナ出版

総務省（2001）「行政手続のオンライン利用の推進」e-Gov ウェブサイト（2020年3月2日閲覧）

田中洋（2002）『企業を高めるブランド戦略』講談社

田中洋（2018）『ブランド戦略全書』有斐閣

谷本寛治（2004）『CSR 経営―企業の社会的責任とステイクホルダー』中央経済社

内閣府（2014）「平成26年度　内閣府県民経済計算」
https://www.esri.cao.go.jp/jp/sna/data/data_list/kenmin/files/contents/tables/h26/huhyo26.xls（2020年2月22日閲覧）

内閣府（2017）『平成29年版　高齢社会白書』

内閣府（2019）『令和元年版　高齢社会白書』

野村総合研究所（2018）「野村総合研究所，日本の富裕層は127万世帯，純金融資産総額は299兆円と推計」ニュースリリース，研究・情報発信 https://www.nri.com/jp/news/newsrelease/lst/2018/cc/1218_1（2020年2月18日閲覧）

服部勝人（1994）『新概念としてのホスピタリティ・マネジメント―ポスト・サービス化社会の指標』学術選書

服部勝人（2006）『ホスピタリティ・マネジメント学原論』丸善

一橋香織・木野綾子（2019）『相続コンサルタントのためのはじめての遺言執行』日本法令

村松潤一（2015）「価値共創型企業システムとマーケティング研究」村松潤一編著『価値共創とマーケティング論』同文舘出版，pp.154-170.

宮本佐知子（2015）「注目集まる相続資産市場と金融機関の取組み」『野村資本市場クォータリー』2015年夏号，野村資本市場研究所

山口周（2019）『ニュータイプの時代　新時代を生き抜く24の思考・行動様式』ダイヤモンド社

優オフィスグループ（2018）『9つの頻出事例で論点を把握する　相続コンルタントの問題解決マニュアル』中央経済社

吉田修平・森川紀代（2019）『相続法改正　新しい相続実務の徹底解説―概説と事例 QA』青林書林

索　引

あ 行

か 行

〈著者略歴〉

小具　龍史（おぐ・たつし）

二松学舎大学国際政治経済学部国際経営学科准教授

立教大学大学院ビジネスデザイン研究科修士課程修了（MBA）。立教大学大学院経営学研究科博士課程後期課程修了。博士（経営学）。国内メガバンク系シンクタンク（現みずほ情報総研株式会社）を経て現職。新規事業開発支援，マーケティング戦略策定，ブランド・マネジメント等の経営コンサルティング，調査研究事業を多数推進。冠婚葬祭関連事業に精通し，企業顧問やアドバイザーを務める。経済団体（東京商工会議所・大阪商工会議所等）や民間企業での講演・研修講師等多数。著書に『市場とイノベーションの企業論』（共著・中央経済社），『コトラーのＢ２Ｂブランド・マネジメント』（共訳・白桃書房），『経営学用語ハンドブック』（共著・創成社），『企業価値創造の経営』（共著・学文社），『CSRと企業経営』（共著・学文社）などがある。

佐藤　良久（さとう・よしひさ）

一般社団法人さいたま幸せ相続相談センター代表理事

立教大学大学院ビジネスデザイン研究科修士課程修了（MBA）。立教大学大学院ビジネスデザイン研究科兼任講師（「不動産運用設計」担当）。公益財団法人不動産流通推進センター講師。公認不動産コンサルティングマスター，相続対策専門士，相続診断士。不動産売買仲介業，不動産再生事業，相続コンサルティングを推進。不動産営業・管理・マーケティング・運用・相続と，不動産関連事業に精通し，過去20年間で2,000件を超える不動産・相続案件に携わる。GSRコンサルティング株式会社代表取締役，一般社団法人東京都不動産相続センター代表理事，一般社団法人鎌倉生活総合研究所理事等，不動産・相続を手がける複数の企業や団体で要職を務める。著書に『相続コンサルの奥義』（共著・プラチナ出版），『円満相続を叶える本』（共著・幻冬舎）などがある。

相続問題を解決する事業開発の理論と実践
―経営学的アプローチによる価値共創事業の創造―

2020年11月20日　第一版第一刷発行

著　者　　小 具 龍 史
　　　　　佐 藤 良 久

発行所　㈱学 文 社

発行者　　田 中 千 津 子

〒 153-0064　東京都目黒区下目黒3-6-1
電話(03)3715-1501（代表）　振替　00130-9-98842
https://www.gakubunsha.com

落丁，乱丁本は，本社にてお取り替えします。　　　印刷／東光整版印刷㈱
定価は，売上カード，カバーに表示してあります。　　　　〈検印省略〉
ISBN 978-4-7620-3033-8
©2020　Ogu Tatsushi & Satou Yoshihisa　　Printed in Japan